RISK
MANAGEMENT

金融風險管理
巴塞爾資本協定與流動性風險

黃仁德、劉康旭 著

五南圖書出版公司 印行

序

　　安全與穩健是金融機構營運的最高原則，風險管理是達成此目標所不可或缺的。金融機構面對許多的風險，但金融危機的發生，往往是歸結到流動性風險所引起的，它是任何金融機構所無法忽視的風險。流動性危機的發生，除了金融機構忽視流動性的問題，或是對現金流的規劃有欠周全外，市場交易與信用等方面的風險管理疏忽，同樣會導致金融機構的流動性不足。透過對流動性風險的研究，可以讓吾人對流動性風險有更深入的了解，有助於金融機構發展出更有效的流動性風險管理策略，而有利於增進金融市場的穩定性。

　　為促使金融機構有效控管風險，隨著金融市場業務與商品不斷的推陳出新，巴塞爾銀行監理委員會也不斷地修正、更新巴塞爾資本協定來規範金融機構的營運。巴塞爾資本協定已從 1988 年的第一版，演變至 2017 年的第四版，著重的金融風險規範也從第一版的信用、市場風險，至第二版的作業風險，乃至第三及第四版的流動性風險，如何有效管理流動性風險成為當前金融風險管理熱門的課題。本書的出版即著眼於此，全書以簡單、易懂的文字，有系統的介紹巴塞爾資本協定的演變，流動性風險的重要性、衡量及規範，各國面對流動性危機的政策，以及金融機構的流動性風險管理，希望有助於吾人對流動性風險的認識、了解。

　　本書的出版，感謝張元晨、蕭明福兩位教授給予許多寶貴的修正意見。金融風險管理涉及層面廣泛、複雜，筆者學識有限，疏誤、不周之處在所難免，尚祈讀者諸君不吝指教，至所企盼。最後，謹以本書誌念國內金融風險研究先驅的曾令寧博士。

黃仁德、劉康旭 謹識

2024 年 9 月

目錄

第一章
緒論

　　流動性風險乃金融機構或一般企業在需要資金時，無法以合理成本迅速取得現金的風險。這種風險可能導致資金週轉困難，甚至引發財務危機。當市場流動性風險增加時，資產持有者可能需要降價才能出售資產，因此造成損失。

　　21 世紀以來，全球經濟受到許多的衝擊，2008 年的金融海嘯、2010 年的歐債危機，及 2020 年的新冠肺炎疫情，不僅導致全球經濟陷入衰退，也使各國金融市場產生大幅的震盪，不確定性上升，對全球銀行業的發展帶來巨大的挑戰，各大金融機構也意識到流動性的重要性，因此更加注重流動性風險的控管。雖然流動性風險可能不是直接造成金融危機的原因之一，但最終金融危機的爆發卻都會與流動性風險有關係。流動性風險一直以來都是金融機構關注的議題，2008 年次貸金融危機發生後，在當時雷曼兄弟的資產總額大於負債，但還是因為流動性問題導致倒閉，使流動性風險更加受到重視。因此，監理機關提出強化流動性風險監理的政策及規範，以確保金融機構流動性的充足，而金融機構一方面要達到監理機關的流動性監理標準，另一方面也要確保公司的獲利，如何在管理流動性與獲利水準兩者中取得平衡，是金融機構營運的一大挑戰。

　　流動性風險一直是巴塞爾資本協定（Basel Capital Accord）關心的議題，此協定的起源是因為 1980 年後，許多大型國際銀行相繼出現問題，甚至倒閉，像是德國赫斯塔特銀行（Herstatt Bank）、美國富蘭克林國民銀行（Franklin National Bank）等，這些銀行發生問題不只影響到該國的經濟，對其他國家的經濟、金融也產生衝擊。因此，為了統一規範各國銀行，巴塞爾銀行監理委員會（Basel Committee on Banking Supervision，BCBS）在 1988 年 7 月頒布了巴塞爾資本協定。該協定的核心內容是建立最低資本要求，降低銀行的信用風險。時至今日，巴塞爾資本協定隨著時代不斷演變，從第一版更新到現在為第四版，金融機構也必須隨之應對。

　　流動性風險是任何金融機構所無法忽視的，流動性危機發生的原因，除了金融機構忽視流動性的問題，或是對現金流的規劃不周全外，市場操作和信用等方面的風險管理疏忽同樣會導致銀行的流動性不足。透過對流動性風險的研究，可以讓吾人對流動性風險有更深入的了解，有助於金融機構發展出更有效的流動性風險管理策略，而有利於增進金融市場的穩定性。

　　本書內容共分為六章，第一章為緒論；第二章及第三章分別介紹第一版至第四版巴塞爾資本協定的演變，此協定是巴塞爾銀行監理委員會為了維持資本市場穩定、降低銀行體系營運風險所推出的協定，通過觀察此協定的演變，可以了解金融監理機關為防範銀行營運風險所做的努力。第四章介紹金融市場與流動性風險的關係，探討因為流動性風險而引發的金融危機（例如，2008 年的次貸危機、2023 年因流動性風險引發的銀行倒閉事件等），以及各國面對流動性危機的對策。第五章介紹如何衡量及監理流動性風險，內容包括介紹流動性風險的衡量指標，以及各國的流動性監理措施。第六章為流動性風險的管理，探討銀行業如何管理流動性風險。

第二章
第一版與第二版的巴塞爾資本協定

　　1980 年代起，因為科技創新使金融業不斷推出新的金融商品，銀行規模及業務變得龐大後，風險也隨之升高，因此工業國家的金融監理主管機關及中央銀行組成巴塞爾銀行監理委員會，並發布巴塞爾資本協定，希望能夠協助金融機構妥善管理各種不同的風險。巴塞爾資本協定至今已經過多次修正及改版，本章將針對第一及第二版本的巴塞爾資本協定予以介紹。

第一節　巴塞爾資本協定

　　金融主管機關為了能使銀行安全及穩定的經營，於 1988 年發布第一版巴塞爾資本協定，奠定資本適足率的基礎。本節將介紹第一版巴塞爾資本協定，包含發布的組織——巴塞爾銀行監理委員會的由來，以及巴塞爾資本協定的源起、內容。

一、巴塞爾銀行監理委員會

　　1970 年代第一次石油危機導致全球經濟衰退，[1] 1974 年 6 月，擁有 8 億美元資產的赫斯塔特銀行（Herstatt Bank）在遭受 4.5 億美元的外匯和其他損失之後，[2] 被德國當局關閉，造成德國外匯現貨交易業務的清算機制陷入混亂，結果對國際同業市場造成了嚴重影響，尤其使義大利和日本的有關銀行遭受了嚴重的資金困難。1974 年 10 月，富蘭克林國民銀行（Franklin National Bank）宣布破產，[3] 全球經濟陷入動盪不安的局面，美國聯準會作為最後貸款者（lender of last resort）對富蘭克林進行了大量放款，承接了富蘭克林國民銀行倫敦分行的存款。為穩定全球的經濟與金融，因此各大工業國

1　1973 年中東贖罪日戰爭時，支持以色列的國家遭到阿拉伯石油輸出國組織成員國宣布對其禁止出口石油，導致石油危機。

2　赫斯塔特銀行（Herstatt Bank）是德國科隆市的一家私人銀行，於 1974 年 6 月 26 日破產，這一事件被廣泛稱為赫爾斯塔特危機。https://baike.baidu.hk/item/%E8%B5%AB%E6%96%AF%E5%A1%94%E7%89%B9%E9%8A%80%E8%A1%8C%E5%8D%B1%E6%A9%9F%E4%BA%8B%E4%BB%B6/22695638。

3　富蘭克林國民銀行總部位於紐約長島富蘭克林廣場，曾是美國第 20 大銀行。

的金融監理機關及央行聯合成立巴塞爾銀行監理委員會（BCBS），以維持銀行安全及控制風險爲主要目標。

　　BCBS是由十國集團成員國以及西班牙、盧森堡的中央銀行建立，[4] 自成立以來，BCBS制定了一系列重要的銀行監理準則，其中包括1983年發布的《銀行的國外機構監理原則》（Principles for Supervision of Bank's Foreign Establishments）和1988年發布的《巴塞爾資本協定》（Basel Capital Accord）。儘管這些準則並非具有法律約束力，但在BCBS成員的一致同意下，被各國同意一定的時間內在這些國家實施。隨著時間的推移，由於其合理性、科學性及可操作性得到證明，許多非十國集團的金融監理機關也同意遵守這些準則。

　　1997年，BCBS提出《有效銀行監理核心原則》（Core Principles For Effective Banking Supervision），這些原則由BCBS與一些非十國集團國家聯合起草，得到了世界各國金融監理機關的廣泛支持，並已成爲國際社會普遍承認的銀行監理國際標準。儘管巴塞爾銀行監理委員會不是正式的銀行監理國際組織，但實際上已成爲訂定銀行監理國際標準的主要機構。

二、巴塞爾協議

　　在赫斯塔特銀行和富蘭克林銀行倒閉的第二年，也就是1975年9月，第一個巴塞爾協議（Basel concordat）問世，這個協議的核心內容就是針對國際性銀行監理的兩大缺失：

　　1. 任何銀行的國外機構都不能逃避監理；及

　　2. 母國和地主國應共同承擔銀行監理的職責。

　　1983年5月，巴塞爾協議經過修改後推出《銀行的國外機構監理原則》，它確定了母國和地主國在銀行監理的角色，以及分行、子行及合資銀行在清償能力、流動性及外匯業務等方面的責任歸屬，顯示「監理必須充

4　全球十大工業國又稱爲十國集團，成員有英國、瑞典、比利時、法國、加拿大、德國、義大利、日本、美國、瑞士，及荷蘭等國。

分」的監理原則。巴塞爾協議與《銀行的國外機構監理原則》都主張對銀行的監理以股權原則為主，市場原則為輔；母國綜合監理為主，地主國個別監理為輔的理念。然而，兩者對於銀行清償能力等監理內容僅提出了抽象的監理原則和職責分配（例如，銀行國外分行的清償能力主要由母國監理機關負監理責任，國外子銀行則由地主國及母國監理機關共同監理），並沒有提出具體可行的監理標準，因此，各國對國際銀行業的監理仍然是各自為政，無法完全體現充分監理的原則。

三、第一版巴塞爾資本協定

1988 年 7 月，BCBS 公布《資本衡量與資本標準的國際統合》（International Convergence of Capital Measurement and Capital Standards）——即一般所稱的第一版巴塞爾資本協定（簡稱 Basel I），它主要有以下四部分的內容：

1. 資本的分類；
2. 風險權重的計算標準；
3. 將持有高流動性、低風險資產的不利誘因降至最低；及
4. 促使全球銀行資本適足性的衡量達成一致性。

體現 Basel I 核心思想的是前兩項。首先是資本的分類，也就是將銀行的資本劃分為核心資本與附屬資本兩類，對各類資本依各自不同的特性明確界定。其次是風險權重的計算標準，Basel I 依資產類別、性質以及債務主體的不同，將銀行資產負債表的表內和表外的資產項目分為 0%、20%、50% 及 100% 等四個風險檔次（表 2-1），把銀行資產負債表的表內和表外的資產項目依適當的風險權數加總計算，即可得風險加權資產（risk-weight asset，RWA）。Basel I 規定的銀行資本適足率（capital adequacy ratio）為 8%，[5] 其中核心資本對風險資產的比率不得低於 4%，計算如下式：

5　臺灣保險業的最低資本適足率要求為200%，計算方式為：資本適足率 $= \dfrac{\text{自有資本}}{\text{風險資本}} \times 100\%$。

表 2-1　Basel I 的銀行資產負債表表內、表外資產項目風險權數

資產類別	風險權數
表內交易項目	
現金及對經濟合作暨發展組織（Organisation for Economic Cooperation and Development，OECD）國家政府的債權 [6]	0
銀行間債權、對 OECD 國家銀行及公共部門債權	20%
住宅抵押債權	50%
其他債權、不動產及設備	100%
地方政府貸款（各國政府可在右列權數範圍內自訂，我國為 10%）	0，10%，20%，50%

表外交易項目	信用轉換因子（credit conversion factor, CCF） [7]	風險權數
1 年以內或可隨時取消契約	0	同表內交易項目，視交易對手而定
具交易性短期自償或有資產	20%	同上
與特定交易有關的或有資產、到期日在 1 年以上契約，及可循環發行票券	50%	同上
直接替代信用的保證與承兌、銀行承擔風險的附買回協定	100%	同上

衍生性商品契約	信用轉換因子		
到期日	1 年以下	1～2 年	2 年後每增加 1 年增加
匯率契約	2%	5%	3%
利率契約	0.5%	1%	1%

資料來源：曾令寧、黃仁德（2005）。

6　經濟合作暨發展組織是由全球 38 個經濟先進國家組成的組織。
7　信用轉換因子（CCF）是將資產負債表外項目的名目本金（notional principal），依其信用風險大小，轉換成信用當量（credit equivalent amount）。

$$資本適足率（CAR）= \frac{自有資本}{風險加權資產} \geq 8\% 。$$

四、第一版巴塞爾資本協定的缺點

Basel I 可以說是第一個全球性的銀行監理準則，由於考慮的層面太廣泛，因此難免有些不週之處。例如，自有資本僅有第一及第二類資本兩種、僅考量信用風險，及實現風險監理的同時帶來監理套利等。

（一）自有資本僅有第一及第二類資本兩種

Basel I 僅考慮第一及第二類資本，其餘資本並無納入考量，因此在計算資本適足率時並不精確（表 2-2）。[8]

（二）考量的風險範圍不夠全面

Basel I 原本僅涵蓋信用風險，[9] 而 BCBS 在 1996 年 6 月公布《多邊遠期外匯交易淨額結算的資本協定釋意》（Interpretation of the Capital Accord for the Multilateral Netting of Forward Value Foreign Exchange Transactions），納入市場風險作為監理考量，但範圍依舊不夠廣泛，像是作業風險還是沒有納入規範，[10] 且對資訊揭露等方面沒有明確的要求，無法充分確保各國的金融穩定。在計算信用風險方面，Basel I 採用的方法基於資產類型及其對應的風險權數，沒有考慮到不同資產的信用評等或到期期限，也無法反映風險分散的效果，因此受到國際大型銀行的批評。

（三）實現風險監理的同時帶來監理套利

1988 年的 Basel I 首次提出了基於信用風險的資本監理要求，將監理焦點從銀行的資產負債情況轉移到了風險資產上。Basel I 強調在資本管理過

8　巴塞爾銀行監理委員會於 1995 年修正規定，允許銀行可以使用第三類資本。

9　信用風險是指在交易期間，某一方無法履行契約中的義務而造成另一方損失的風險。

10　作業風險是指公司或是金融機構因本身內部員工操作不慎或是系統失靈等產生的風險；市場風險是指市場交易中的變化和波動，例如，市場價格變動等，導致持有的投資組合或資產跌價或是產生損失。

表 2-2　Basel I 的第一類資本及第二類資本

類別	主要項目	細項
第一類資本	實收資本（contributed capital）	(1) 普通股 (2) 非累積不可贖回優先股 [11]
	公開準備（disclosed reserve）	(1) 資本公積（share premiums） (2) 保留盈餘（retained earnings） (3) 一般準備金（general reserve）
第二類資本	未公開準備 （undisclosed reserve）	只包含未公開但已反映在損益表上，且為銀行的監理機關所接受的準備
	重估資本	資產重估、長期投資跌價損失
	普通呆帳準備金	為未來可能損失所提列的準備金
	混和債務工具	如累積優先股、可轉換債券
	長期次級債券	原始到期日至少超過 5 年，在到期期限最後 5 年，每年有 20% 的折扣 [12]

資料來源：BCBS（1988）。

程中風險計量的重要性，並將不同類型的風險資產給予不同的風險權數，但在 20 世紀 90 年代，隨著金融創新和風險量化技術的發展，監理的資本套利（capital arbitrage）隨處可見，最常用方式是證券化（securitization）。例如，銀行將低質量的信貸資產組合後發行證券，出售給投資人，以籌措資金，這些信貸資產也因為已經出售所以不再列入資產負債表中，而發行的證券本身有固定的到期日或償還計畫，在證券到期或完全償還之前，這些資產

---

11 非累積不可贖回優先股為如果公司不分配股利，未分配的股利不會累積到以後的年度，這種優先股通常給予投資者優先權利分配股利，但相對於可累積的優先股，其風險更高，因為未分配的股利不會在以後年度進行補償；累積優先股為在普通股獲得股息前有取得股息的優先股，若發行機構所獲盈餘不夠分配約定的股利時，未獲得分配的股利可以累積到以後的年度進行補償。

12 長期次級債券包括傳統無擔保順位債券資本工具，其具有原始到期期限至少超過 5 年及有期限可贖回的優先股，在到期期限的最後 5 年，每年 20% 的累積折扣（或攤提）因子將被使用，以反映這些工具的價值持續遞減，例如，10 年期的次級債券，第 6 年計入第二類資本的數量為 80%，第 7 年為 60%，第 8 年為 40%，以此類推。

將從銀行的資產負債表表內移至表外，資產移至表外後，在計算信用風險資本計提時，將會乘上信用轉換因子，因此可以節省資本計提。監理資本套利雖然有助於銀行降低營運成本，但更重要的是，它可能導致銀行更傾向於持有資產質量較差的資產組合，使銀行系統風險加大，這與 Basel I 的目標相背離，大大削弱了 Basel I 的有效性。

第二節　第二版巴塞爾資本協定

　　隨著 Basel I 的缺點浮現，BCBS 對其著手做出了大幅修改，而於 2004 年推出第二版巴塞爾資本協定（簡稱 Basel II），建構了三大支柱，也從原本專注於信用風險與市場風險轉向全面的風險監理。

一、第二版巴塞爾資本協定的主要改進

　　20 世紀 90 年代以來，隨著經濟金融全球化的進一步發展，銀行業面臨日益激烈的競爭，促使其不斷創新，並大量推出衍生性金融商品，業務也變得更加多元和複雜，這導致信用風險以外的其他風險逐步凸顯出來。為應對這些挑戰，巴塞爾銀行監理委員會針對 Basel I 的缺失推出了一系列修訂方案。BCBS 於 1998 年開始著手制定新一代的巴塞爾資本協定，對 Basel I 進行全面修訂，從 1999 年 6 月 BCBS 發布第一次的意見徵求稿開始，經過長達五年的反覆討論和修改，Basel II 才於 2004 年 6 月正式定稿，標誌著全球金融監理進入了新的時代。相較於 1988 年的 Basel I，Basel II 對於金融風險的監理更加廣泛。

　　Basel II 在最低資本要求的基本原則基礎上，增加了監理機關和市場制約來對銀行風險進行監理，構建了三大支柱，分別為最低資本要求（minimum capital requirements）、監理覆審（supervisory review），及市場紀律（market discipline）。

（一）最低資本要求

第一支柱規範銀行業承擔信用、市場及作業等三種風險所需的最低資本要求，重點如下：

1. Basel II 提出更精確評估信用風險的方法。風險管理能力有待提升的銀行可以繼續使用簡單易行的標準法，鼓勵風險管理能力較高的銀行採用基礎或進階內部評等法。採基礎內部評等法（foundation IRB approach），銀行必須自行估計違約機率（probability of default，PD），其他風險成分則依 BCBS 規定處理；採進階內部評等法（advanced IRB approach），銀行必須自行估計違約機率、違約損失率（loss given default，LGD）、違約暴險（exposure at default，EAD），及有效到期期限（effective maturity）。

2. Basel II 同意 1996 年《多邊遠期外匯交易淨額結算的資本協定釋意》中關於交易帳戶中市場風險的處理方法，並對銀行帳戶的利率風險監理做了進一步調整，要求監理機關對其進行覆審。

3. Basel II 考慮到與銀行內部控制密切相關的作業風險（operational risk），如道德風險（moral hazard）、法律風險等，並要求對作業風險提列單獨的資本。

4. Basel II 擴大了資本約束範圍，要求銀行將投資於非銀行機構的大額投資從其資本扣除，以商業銀行業務為主的控股公司——即銀行集團的母公司，也開始受到資本適足率的約束，以確保能夠評估整個銀行集團的風險。

5. 對進行資產證券化的過程及方法做了明確規定。銀行必須依資產證券化架構以決定來自傳統及合成證券化暴險所需的法定資本。傳統的資產證券化（traditional securitization）為銀行將資產或風險性信用部位透過特殊目的機構（special-purpose entities，SPE）加以組合包裝成證券售出。[13] 銀行如果符合 Basel II 的作業要件，例如，證券化之標的暴險有關的重大信用風險已經被移轉至第三者、發行證券並非銀行的債務等，則可將證券化的標的暴險從資產負債表中移除，以計算法定資本或風險加權資產。合成的資產證券化

---

13 特殊目的機構可能是公司、信託等機構，其成立目的為隔離銀行的信用風險。

（synthetic securitization）為銀行所持有信用風險資產的全部或部分以信用衍生性商品（credit derivatives）加以避險。[14] 合成的資產證券化使用信用風險減輕技術（credit risk mitigation techniques）以沖銷標的暴險必須符合：銀行必須將與標的暴險有關的重大信用風險移轉給第三者、合格保證人限於核心市場參與者等規定才能被認可。

Basel II 也允許金融機構可以採用信用風險減輕技術。銀行可以使用各種技術以減輕其所暴露的信用風險，例如，信用暴險可經由徵提債務人擁有的現金或有價證券為擔保品以設定第一順位求償權，作為全額或部分擔保；放款暴險可由第三者保證或銀行可購買信用衍生性金融商品，以沖銷其信用風險。一般而言，銀行常用的信用風險減輕技術有擔保品、資產負債表表內（例如，放款、存款）淨額交割，及信用衍生性金融商品等。信用風險減輕技術必須符合下列基本原則──採信用風險減輕技術的任何交易，其資本要求應較未採此等技術的資本要求為低。

Basel II 對使用標準法時會用到的個別債權之風險權數也有更進一步的規定。Basel I 對於主權國家債權是以交易對手國家是否為經濟合作暨發展組織（OECD）會員國來區分，會員國風險權數為 0%，而非會員國風險權數為 100%，Basel II 則是依一般外部信用評等機構（external credit assessment institutions，ECAIs）的信用評等，或輸出信用機構（export credit agencies，ECAs）的七級風險評分，來決定主權國家的風險權數。Basel I 對銀行債權的風險權數，也是以該國是否為經濟合作暨發展組織會員國來區分，會員國銀行債權的風險權數為 20%，而非會員國銀行債權的風險權數為 100%，Basel II 對於銀行債權評等的風險權數則有下列兩種選擇：

1. 第一種選擇。銀行債權風險權數低於其註冊主權國家央行債權風險權數一級，但與主權評等 BB⁺ 到 B⁻ 以下及未評等者相同。

2. 第二種選擇。依銀行本身的外部信用評等。

---

14 信用衍生性商品是指一種移轉信用風險的契約，一方支付權利金，將信用風險轉移給交易對手，當約定標的的信用品質惡化時，交易對手需依契約予以補償，藉此以規避當債務不履行或信用風險上升時所造成的損失。

　　3. 原始到期期限小於 3 個月的短期銀行債權（第二種選擇的短期債權），較一般銀行債權，可獲得較優一級的風險權數，但不適用於評等 AAA 到 AA⁻ 及 B⁻ 以下者。

　　Basel I 對公司債權的風險權數為 100%，Basel II 對已評等公司債權的風險權數則是由 20～150% 不等，未評等者以 100% 為標準風險權數，但如該國公司違約機率偏高，監理機關應將其風險權數調高（表 2-3）。

（二）監理覆審

　　Basel II 要求監理機關應根據各國銀行業的實際風險進行監理。在此支柱下，監理機關應該與銀行保持密切溝通，以確保能夠有效監督銀行。引入第二支柱使監理機關能夠覆審並評鑑銀行資本適足性的內部評估與策略，及監控並確保其具有遵循法定資本比率的能力。監理機關如對過程與結果不滿意，應採取適當的監理措施，監理機關也應該在資本跌落所需最低水準之前及早干預，且如資本未能維持或回復，則應要求迅速補救措施，例如，要求銀行立即增資、要求銀行準備資本適足性回復計畫等。

（三）市場紀律

　　Basel II 強調以市場的力量來制約銀行，認為市場制約能夠有效影響銀行的資金分配和風險控制。在市場上穩健和經營良好的銀行通常能以更有利的價格獲得資金，而風險較高的銀行則需要支付更高的風險溢價或提供額外的擔保才能獲得資金，這種市場獎懲機制有助於鼓勵銀行保持適當的資本水準，促進金融體系的穩定發展。

　　市場制約作用得以有效發揮的前提是提高銀行資訊揭露的程度，加大透明度，Basel II 對此提出了一系列要求，主要為強調有關風險與資本關係的全面資訊揭露，監理機關要對銀行的資訊揭露制度進行評估；資訊揭露不僅要揭露核心資訊，而且要揭露附加資訊，揭露內容分為質性資訊揭露與量性資訊揭露，質性資訊乃銀行營運有關的策略、政策，量性資訊乃銀行營運有關的統計數據；核心資訊及附加資訊至少應在每年的財務報告中呈現出來，任何重要變化發生之後都應立即揭露。

表 2-3　Basel II 的外部信用評等與風險權數

信用機構的評等等級							
外部信用評等機構	AAA 到 AA⁻	A⁺ 到 A⁻	BBB⁺ 到 BBB⁻	BB⁺ 到 BB⁻	B⁺ 到 B⁻	B⁻ 以下	未評等
輸出信用機構	1	2	3	4-6		7	—
風險權數							
主權國家央行債權	0%	20%	50%	100%		150%	100%
銀行債權第一種選擇	20%	50%	100%	100%		150%	100%
銀行債權第二種選擇	20%	50%	50%	100%		150%	50%
銀行債權第二種選擇（短期）	20%	20%	20%	50%		150%	20%
公司債權	20%	50%	100%		150%		100%

資料來源：曾令寧、黃仁德（2005）。

二、第二版巴塞爾資本協定的影響

　　Basel II 的實施對銀行的時間、人力及財力等成本都是一大負擔，但是國際銀行業普遍認為，與實施 Basel II 所帶來的長期效益相比，投入的成本相當值得，因為它可帶來以下的好處：

（一）從單一支柱轉向三大支柱的監理框架

　　與 Basel I 的最低資本適足率要求相比，Basel II 通過引入三大支柱，強調監理機關的監理審查，同時也強調銀行市場紀律，從而將銀行監理提升到了更高的水準。

（二）從信用及市場風險監理轉向全面的風險監理

BCBS 經過一系列規則的論證和頒布，Basel II 考慮了銀行面臨的絕大部分的風險，意謂對銀行監理轉向全面風險監理。全面風險監理主要體現在最低資本要求上，通過改進最低資本適足率的計算方法，銀行必須為多種風險提列相應的資本，有效地促進了國際銀行體系的安全和穩健，也有助於銀行全面提高風險管理水準。

三、第二版巴塞爾資本協定的缺點

Basel II 雖然比起 Basel I 已經進步許多，但還是尚有不足，其缺點主要為過度依賴資本適足率、沒有關注系統性風險，及信用風險計算方法失靈等。

（一）過度依賴資本適足率

Basel II 主要的概念是來自於對資本適足率的信心，亦即高資本適足率的銀行被認為是安全且穩健的銀行，而低資本適足率的銀行則可能存在問題。但是，過度倚賴資本適足率的數字，有時將使得監理的工作變得僵化及過於簡化。這一點在 2008 年金融風暴時便凸顯出來，許多具有高資本適足率的銀行（例如，英國的北岩銀行）仍然是不堪一擊。[15] 因此，Basel II 並非解決所有問題的神藥，自有資本僅為一靜態的數字，無法代表管理質量，也無法解決市場恐慌或流動性不足等複雜問題。

（二）沒有關注系統性風險 [16]

Basel II 關注的重點是受其約束銀行的體系穩健，即強調風險從銀行的轉移，並沒有關注解決風險或是轉移後實際承擔者的風險，這使得在次貸危機爆發時，諸如抵押債務債券（collateralized debt obligation，CDO）、信用

---

15 北岩銀行目前是英國 5 大抵押借貸機構之一。2007 年 4 月美國第二大次級房貸公司新世紀金融公司（New Century Financial Corporation）破產後，次貸金融危機爆發，北岩銀行在市場流動性不足時發生擠兌的危機。

16 系統性風險指影響所有資產甚至整個市場且無法通過資產組合來規避的風險。

違約互換（credit default swap，CDS）等金融商品成了風險傳染的媒介和放大器，[17] 最終導致包括銀行業在內的整個金融體系風險的爆發。

（三）風險資本的計算方法存在缺陷

Basel II 對信用風險提供了兩種計算方法——標準法及內部評等基準法。首先，標準法可視為 Basel I 的延伸，但標準法在衍生性商品交易上並未區分是否有保證金。其次，內部評等基準法在實行上存在資訊不對稱，例如，將計算的準確性建立在銀行內部的模型上，監理機關無法確認資訊是否準確，監理上無法做到透明化，在 2008 年次貸金融危機期間許多銀行的內部模型也被證明是不可靠的。此外，市場風險的資本計提採用標準衡量法（standardized measurement method）或內部模型法（internal model approach，IMA），而內部模型法乃基於複雜的數學模型，需要龐大的財力支持，因此這種方法只適用於大型金融機構。

第三節　結語

巴塞爾資本協定的演變反映了全球金融監理環境的不斷變化和適應需求。從 Basel I 開始，巴塞爾銀行監理委員會的目的為建立一個統一的銀行資本適足性標準，其核心內容包括設立最低資本要求，Basel I 要求銀行持有至少 8% 的資本適足率，這一協定的實施顯著提高了銀行資本的透明度和一致性，為全球銀行業提供了一個共同的框架，但隨著金融市場的快速發展，其局限性也逐漸顯現。

Basel I 的規範主要集中在信用風險及市場風險，對於作業風險並無納入考量。此外，Basel I 也未能有效應對創新的金融工具和衍生性金融商

---

17 CDO 是由金融機構將其持有的債權組合後移轉給特殊目的信託，再藉由證券化的過程將債權組合依不同的信用風險來發行不同信用等級的證券；CDS 為信用違約互換交易，在交易中買方將定期向賣方支付一定費用（稱為信用違約互換點差），而一旦出現違約，賣方則依契約提供補償，從而有效規避信用風險。

品，這些缺點促使巴塞爾銀行監理委員會在 2004 年推出了 Basel II。相較於 Basel I，Basel II 引入了三大支柱，分別為最低資本要求、監理覆審，及市場紀律，並將監理範圍從信用及市場風險擴展至作業風險，且進一步強化資本適足性的要求。巴塞爾資本協定的發展歷程顯示全球金融監理體系在不斷改進以應對新挑戰。雖然已經進步許多，但隨著金融持續創新，監理機關仍需不斷調整和優化相關規範，才能確保全球銀行體系的安全和穩健。

第三章

第三版與第四版的
巴塞爾資本協定

　　2008 年次貸金融危機爆發之前，各國監理機關對於銀行的資本監理較爲寬鬆，許多銀行通過資產證券化以及 CDS、CDO 等信貸衍生性金融商品，將大量的風險資產移出資產負債表外，從而減少資本計提，但這種作法卻增加了銀行的流動性風險。由於 Basel II 沒有特別針對流動性風險的規範，因此在次貸金融危機發生兩年後，2011 年 BCBS 推出了《第三版巴塞爾資本協定：全球更穩健的銀行及銀行體系監理框架》（Basel III: A Global Regulatory Framework for More Resilient Banks and Banking Systems，簡稱 Basel III），將流動性風險監理納入銀行監理的重點內容，並結合資本監理和流動性監理，綜合評估商業銀行所持有金融資產的流動性風險。

第一節　第三版巴塞爾資本協定的主要改進 $

　　次貸金融危機的衝擊遍及整個銀行體系及金融市場，因此，BCBS 在 Basel III 引入一系列措施提高銀行體系在經濟繁榮時期的穩健性，主要針對強化總體金融的穩定性、市場風險權數、資本適足率、槓桿比率，及流動性風險等方面進行改進，這也是巴塞爾資本協定首度將流動性風險納入監理範圍。

一、強化總體金融的穩定性

　　Basel III 首度將總體審慎（macroprudential）正式納入全球金融監理規範，目的爲維持金融穩定、降低系統性風險。總體審慎政策工具如下：

（一）逆循環資本緩衝（countercyclical capital buffer）

　　此乃要求銀行在景氣良好時提列更多資本，各國可根據自身情況，要求銀行增加 0～2.5% 的逆循環資本緩衝。當景氣變差時，即可動用這些準備，以保護銀行體系免受景氣反轉所帶來的衝擊。

（二）保留性資本緩衝

此乃限制銀行的股利發放、買回庫藏股，及薪酬給付，以便在景氣好時保留更多盈餘。

（三）前瞻性的準備提列

此乃要求銀行按「預期損失」（expected loss）而非已發生損失計提損失準備。

（四）限制貸放成數

此乃訂定貸放成數上限或隨景氣循環調整貸放成數上限，以降低經濟或市場過熱情形。

（五）全球系統性重要銀行的額外資本要求

由於全球系統性重要銀行（Global Systemically Important Banks，G-SIBs）發生問題後的影響較一般銀行大，可能會使整個金融體系發生危機，因此巴塞爾銀行監理委員會（BCBS）於 2011 年 11 月發布了《全球系統性重要銀行：評估方法及額外損失吸收要求》（Global Systemically Important Banks: Assessment Methodology and the Additional Loss Absorbency Requirement），對 G-SIBs 提出額外的資本要求。按照 G-SIBs 的規模、跨司法管轄區業務活動、關聯性、可替代性，及複雜度等因素評分後，分為 5 個等級，主要評分內容如下（王素英，2014）：

1. **規模**。按照 G-SIBs 的規模大小給予不同評分，規模大小是依據 Basel III 槓桿比率定義的暴險總額來決定。

2. **跨司法管轄區業務活動**。按照 G-SIBs 的司法管轄區業務活動的多寡給予不同評分，跨司法管轄區業務活動的多寡是依據跨司法管轄區求償權（claim）、跨司法管轄區的負債等來衡量。[1]

3. **關聯性**。按照 G-SIBs 跟其他銀行的關係緊密程度給予不同評分，關

---

1 跨司法管轄區求償權是指在一個司法管轄區的法律框架內，索取另一個司法管轄區內的資產或權利。

係緊密程度是依據銀行間的資產與負債、躉售融資比例等來衡量。[2]

4. **可替代性**。可替代性是評估 G-SIBs 若出現危機導致倒閉時，其業務由其他銀行接收的難易程度，評估標準包含在債券與股票市場上的承銷金額、有價證券融資交易的市值等。[3]

5. **複雜度**。複雜度是依據業務遍及多少國家、衍生性金融商品的價值等來衡量。

在資本適足率監理中，G-SIBs 必須根據其系統重要性等級〔由 5（最高）至 1（最低）〕，額外增加普通股權益資本（核心第一類資本），要求普通股權益比率額外增加 1～3.5%（表 3-1）。普通股權益比率計算方式如下：

$$普通股權益比率 = \frac{普通股權益資本}{風險加權資產}。$$

表 3-1　G-SIBs 所需額外增加的普通股權益比率

G-SIBs 等級	對應評分	G-SIBs 所需額外增加的普通股權益比率
5	D 以上	3.5%
4	C～D	2.5%
3	B～C	2.0%
2	A～B	1.5%
1	A 以下	1.0%

資料來源：BCBS（2011b）。

除了上述的總體審慎政策工具以外，Basel III 還有提高資本適足率、設定槓桿比率限制，及流動性風險的監理規範等，這些內容都包含在總體審慎政策工具中，會在本章節後段進行詳述。個體和總體審慎監理彼此互相關

2　躉售融資比例為銀行通過批發融資獲得資金的比例，例如，銀行間國幣借款、外幣借款等。
3　有價證券融資交易包括附買回交易、附賣回交易、有價證券借出與借入、證券信用交易等交易。

聯，總體審慎方面必須有明確的規定及措施讓銀行遵守，當個別銀行穩健性提高時，將有助於降低整個系統受到衝擊時不利的影響，而有利於維持金融穩定。

二、細分市場風險權數

Basel III 在 Basel II 的基礎上對使用標準衡量法計算市場風險時的資產類別與相應的風險權數，進行了更加細化的規範。資產類別從原本的利率、匯率、股權，及商品等 4 類，增加信用類別至 5 類，各類資產再進行細分，詳細分類標準如下（表 3-2）（林主恩，2018）：

1. 利率類有價證券以剩餘到期期限為區分標準，風險權數介於 0.4～30%。

2. 匯率類有價證券則不論幣別，風險權數訂定為 15%。

3. 股權類有價證券區分為大型股與中小型股 2 類，市值大於 100 億美元者為大型股，其餘則為中小型股，風險權數介於 30～70%。

4. 商品類有價證券區分為能源等 7 類，風險權數介於 20～80%。

5. 信用類有價證券以是否為投資等級信評為區分標準，風險權數決定於信評等級高低，風險權數介於 5～80%。

三、強化資本適足率

巴塞爾銀行監理委員會對資本結構進行了細化，將監理資本分為核心第一類資本、第一類資本，及第二類資本（表 3-3）。2010 年 9 月，巴塞爾銀行監理委員會發布《監理機關首長組群宣布更高的全球最低資本標準》（Group of Governors and Heads of Supervision Announces Higher Global Minimum Capital Standards），內容為對商業銀行資本適足率的新要求，從 2013 年起，核心第一類資本比率（普通股權益比率）、第一類資本比率，及資本適足率分別須達 3.5%、4.5% 及 8%；從 2019 年起，核心第一類資本比率、第一類資本比率及資本適足率，分別須達 4.5%、6% 及 8%，加計 2.5% 的緩衝資本比率後，將分別達到 7%、8.5% 及 10.5%。

表 3-2　Basel III 的市場風險權數

資產類別	資產細項	風險權數
利率	3 個月、6 個月、1 年、2 年、3 年、5 年、10 年、15 年、20 年、30 年	0.4～30%
匯率	單一風險權數	15%
股權	大型股	30～60%
	中小型股	50～70%
商品	能源	30～60%
	航運	80%
	金屬	40%
	貴金屬	20%
	農產品	25～35%
	牲畜與酪農相關	25%
	其他	50%
信用	投資等級	5～55%
	非投資等級或無評等	5～80%

資料來源：BCBS（2013）。

　　為了抵消資本適足率的順循環，[4] 巴塞爾銀行監理委員會增設了逆循環資本緩衝，[5] 根據不同國家和銀行的情況，在 0～2.5% 範圍浮動。此外，針對金融穩定委員會（Financial Stability Board，FSB）公布的全球系統重要銀行（G-SIBs），[6] 額外增加 1～3.5% 的資本要求。

　　表 3-3 中的應急可轉換債券（contingent convertible bonds）為各國銀行發行，其原理是以銀行的監理資本水準作為轉換觸發點。亦即，當銀行資本適足率低於最低要求水準，或是當主管機關權衡決定發行機構已達到無法繼

4　順循環指標表示它的變動方向與經濟景氣變動方向相同。

5　逆循環資本緩衝是為了應對信用貸款過度增長所帶來的系統性風險，讓銀行在經濟狀況良好時計提資本緩衝，才能在經濟的下行週期仍可繼續提供貸款。

6　金融穩定委員會負責針對國際金融體系的監督管理並給予實質意見；全球系統重要性銀行名單每年由金融穩定委員會根據巴塞爾銀行監理委員會制定的評估標準決定，並於當年 11 月公布。

續經營情況時，應急可轉換債券將被強制性轉換成普通股，持有人轉為銀行股東並分攤銀行虧損。高觸發型（較容易進入損失吸收模式）的應急可轉換債券本金可列為第一類資本，低觸發型（較不易進入損失吸收模式）的應急可轉換債券本金則可列為第二類資本。就觸發條件而言，高觸發型容易被強制轉換，因風險較高，發行利率、成本亦較高，對銀行營運狀況的反應也較為靈敏。

表 3-3　Basel III 的監理資本分類

類別	項目
核心第一類資本	1. 普通股 2. 資本公積 3. 保留盈餘
第一類資本	1. 特別股 2. 高觸發型應急可轉換債券（high-trigger contingent convertible bonds）
第二類資本	1. 次級債務 2. 低觸發型應急可轉換債券（low-trigger contingent convertible bonds）

資料來源：Stefan 等人（2013）。

四、新增槓桿比率

Basel III 新增槓桿比率限制，須達 3%。槓桿比率是第一類資本對資產負債表表內外之暴險總額的比率，計算方式如下：

$$槓桿比率 = \frac{第一類資本}{暴險總額} \geq 3\% \text{。}$$

上式中，暴險是指銀行處於不確定狀態下的放款及投資金額，暴險總額為資產負債表表內暴險、衍生性金融商品暴險、有價證券融資交易暴險，及資產負債表表外項目暴險的加總。槓桿比率的倒數即為槓桿倍數，因此，以此計算的銀行槓桿倍數最高約為 33 倍。

　　槓桿比率計算週期為每季一次，並要求銀行揭露槓桿比率的計算過程和結果。2013 年起，銀行業應向監理機關申報槓桿比率的計算結果及組成項目；2015 年起，進行資訊公開揭露，並於 2017 年前完成最終校準及槓桿比率定義的調整；2018 年起，將此比率納入第一支柱當中，彌補僅有資本適足率這個單一指標的不足。

　　槓桿比率與資本適足率為兩個不同的指標，在計算時，分母的部分，資本適足率的分母為風險加權資產，風險加權資產是指將銀行資產負債表的表內和表外的資產項目依適當的風險權數計算後加總；槓桿比率的分母則為暴險總額，暴險總額是指資產負債表內及表外的暴險總金額，前者經過風險權數調整，後者則依帳面名目金額計算，因此分母的部分，槓桿比率會大於資本適足率；分子的部分，資本適足率的分子為自有資本，槓桿比率則為第一類資本，由於自有資本包含第一類資本，因此槓桿比率的分子會小於資本適足率。因此，槓桿比率的規範要比資本適足率來的嚴格（黃朝熙等人，2021）。

　　美國於 2013 年發布符合 Basel III 資本要求的最終規範。首先，除了槓桿比率最低要求 4% 外，並新增補充槓桿比率（supplementary leverage ratio，SLR）3%，實施對象為合併資產大於 2,500 億美元或資產負債表表內國外暴險部位大於 100 億美元的美國銀行，因此這些銀行的槓桿比率最低為 7%。其次，新增強化補充槓桿比率（enhanced supplementary leverage ratio，eSLR），將補充槓桿比率提高至 5%，實施對象為美國的全球系統重要性銀行（G-SIBs），因此美國 G-SIBs 的槓桿比率最低為 9%。此目的為充分監督銀行資產負債表表內與表外的槓桿操作，避免銀行資產在景氣循環中過度劇烈的波動、[7] 降低金融體系的系統性風險，以及強化銀行體系面對金融危機的應變能力。

7　通過提高槓桿比率，也就是提高第一類資本對暴險總額的比率，限制銀行的槓桿操作，降低銀行資產的波動。

五、引入流動性風險監理指標

　　Basel III 引入了兩種重要的流動性監理指標 —— 流動性覆蓋比率（liquidity coverage ratio，LCR）和淨穩定資金比率（net stable funding ratio，NSFR）。這兩項指標經由 BCBS 討論決定，並經國際協商（harmonized）後的明確數值，惟若干參數需由各國監理機關根據各國實際情況設定，參數應該具有透明度，並在各國家或地區的相關法規中予以清楚說明，使各國金融機構有所了解。Basel III 大幅提高了對證券化金融商品的資本要求，同時也要求銀行提交 LCR 和 NSFR 的計算結果，加強對金融資產流動性的監理（BCBS，2014）。

（一）流動性覆蓋比率（LCR）

　　此乃用以衡量在短期壓力情境下，[8] 銀行是否持有足夠的高品質流動性資產（high quality liquidity assets，HQLA），可以隨時在市場上以低成本或零成本轉換成現金，以應付在 30 天內預期發生的債務和其他流動性需求。LCR 有助於增強銀行應對金融和經濟衝擊的能力，減少金融體系對實體經濟活動造成風險的可能性，其計算如下式：

$$\text{LCR} = \frac{高品質流動性資產存量}{30\ 天壓力期間淨現金流出總額} \geq 100\%。$$

　　一般來說，LCR 不得低於 100%，也就是說高品質流動性資產存量至少需要與淨現金流出總額（total net cash outflows）相同。高品質流動性資產（HQLA）分為一級資產（level 1 assets）與二級資產（level 2 assets）（表3-4）。一級資產在壓力期間仍然可以創造流動性，因此可以無上限地計入HQLA。二級資產又細分成 2A 級和 2B 級。二級資產為市場上折扣率較高和賣斷價格波動較大的資產，因此通過流動性適用係數來調整，以反映其較低的流動性。2A 級資產的流動性適用係數為 85%，2B 級資產的流動性適用係數則介於 50～75% 之間。此外，對於計入 HQLA 的二級資產設有上

8　壓力情境包含銀行自身以及影響整個經濟市場的大型危機，例如，存款大量提領等。

表 3-4　高品質流動性資產及其流動性適用係數

資產等級	項目	流動性適用係數
一級資產（L1）	現金	100%
	合格央行存款準備、轉存央行存款	100%
	主權國家、中央銀行、地方政府、公共部門實體（Public Sector Entities，PSE）、國際清算銀行（Bank for International Settlements，BIS）、國際貨幣基金（International Monetary Fund，IMF）、歐洲中央銀行（European Central Bank，ECB）、歐盟執委會（European Commission，EC），或多邊開發銀行等所發行或保證，[9] 風險權數為 0% 的合格證券	100%
	主權國家政府與中央銀行發行，風險權數非 0% 的債務證券 [10]	100%
2A 級資產（L2A）	主權國家、中央銀行、地方政府、公共部門實體，或多邊開發銀行等所發行或保證，風險權數為 20% 的合格證券	85%
	信用評等達 AA⁻ 以上的合格公司債及商業本票	85%
	信用評等達 AA⁻ 以上的合格擔保債券	85%
2B 級資產（L2B）	合格住宅不動產抵押貸款證券（RMBS）	75%
	信用評等介於 A⁺ 至 BBB⁻ 以上的合格公司債及商業本票	50%
	合格普通股權益證券	50%

資料來源：金融監督管理委員會，〈流動性覆蓋比率之計算方法說明及表格〉，file:///C:/Users/user/Downloads/%E6%AF%94%E7%8E%87%E4%B9%8B%E8%A8%88%E7%AE%97%E6%96%B9%E6%B3%95%E8%AA%AA%E6%98%8E%E5%8F%8A%E8%A1%A8%E6%A0%BC%20(1).PDF。

9　多邊開發銀行是由多個國家創立的組織，其宗旨是為經濟和社會發展計畫提供融資和專業意見，例如，亞洲開發銀行（Asian Development Bank，ADB）、中美洲銀行（Central American Bank for Economic Integration，CABEI）。每家多邊開發銀行都有自己獨立的法律和營運地位，但職責相類似，且有相當數目的共同所有人（國家）。

10　債務證券是指到期期限超過 1 年的公債、金融債券或公司債等。

限門檻規定，即二級資產不得超過 HQLA 總額的 40%，2B 級資產不得超過 HQLA 總額的 15%。

　　淨現金流出總額的計算乃銀行的業務核心是資產和負債之間的期限轉換，但這也使得銀行容易面臨流動性風險，考慮到現金流出和流入的時間並不確定，銀行必須謹慎管理在 30 天內可能出現的任何現金流量缺口。根據 BCBS 的要求，銀行在計算 LCR 時，必須計算 30 天內壓力期間的預期淨現金流出，即預期現金流出總額減去預期現金流入總額。預期現金流出總額是指預期在未來 30 天內銀行須償還的現金，例如，零售存款（retail deposits）、無擔保批發性存款（unsecured wholesale deposits）等，[11] 及表外承諾（off-balance sheet commitment），[12] 乘上對應的現金流出適用係數後進行加總。預期現金流入總額則是指預期在未來 30 天內銀行會收回的現金，例如，對金融機構的放款、附賣回、有價證券借入與有價證券融資交易等，[13] 乘上對應的現金流入適用係數後加總，但總和不得超過預期流出總額的 75%（莊能治，2013）。現金流出、流入適用係數如表 3-5。

（二）淨穩定資金比率（NSFR）

　　此比率的要求目的是確保銀行在壓力情境下仍能獲得穩定的資金來源，以支持 1 年以上的運營和生存。這項規定旨在鼓勵銀行採用更穩定、持久的融資方式，以提高長期應對流動性風險的能力，同時改善融資結構。穩定資金（stable funding）指的是在持續的壓力情況下，在 1 年內能夠穩定提供資金支持的權益和負債資金，權益資金包含普通股、特別股等，負債資金包含銀行借款、銀行發行債券等。金融機構對此類資金的需求量取決於所擁有資產的流動特性及剩餘到期期限。淨穩定資金比率的計算如下式：

---

11 無擔保批發性存款是指自然人以外，法律實體開戶的活期及定期性存款。

12 表外承諾是指銀行在資產負債表中沒有直接列出的義務或責任，但這些承諾可能對銀行的財務狀況有潛在影響，例如，營業租賃（operating leases），銀行承諾在未來支付租金，但這些承諾未在資產負債表上列示為負債。

13 有價證券借入是指借入人向出借人借入有價證券的交易，通常用在做空或是對沖風險；有價證券融資交易則是指涉及證券的借貸或回購協議的交易。

表 3-5　淨現金流出計算項目及現金流出、流入適用係數

資產類別	項目	現金流出、流入適用係數
現金流出		
零售存款	1. 來自於自然人的存款。 2. 依是否有存款保險及存款穩定度高低決定流失率。	3～10%
無擔保批發性存款	1. 來自於非自然人，法律實體開戶的活期及定期性存款。 2. 依資金來源、用途及是否有存款保險決定流失率。	5～100%
擔保融資	1. 所有擔保負債及政府債務。[14] 2. 依交易對手及擔保品的品質決定流失率。	0～100%
其他負債或義務	其他表外負債或義務，例如，其他約定融資債務等。	5～100%
現金流入		
到期的擔保借出款	1. 包括所有到期的附賣回與證券借入合約。 2. 依擔保品品質決定流入率。	0～100%
完全正常履約暴險的流入	1. 包括來自零售、小型企業客戶，及其他批發性客戶，完全正常履約及依契約在 30 天內到期的有擔保、無擔保貸款或其他款項，以及營運存款等。 2. 依交易對手及用途決定流入率。	0～100%
其他現金流入	包括衍生性商品預期契約性淨現金流入與其他契約性現金流入。	100%

資料來源：BCBS（2013）。

---

14 擔保負債是指借款人在貸款或債務上提供具體資產作爲擔保品，以保證貸款或債務的償還；政府債務指以政府的信用作擔保，可以合法地從財政稅收中償付的政府機關所欠債務。

$$淨穩定資金比率 = \frac{可用穩定資金}{應有穩定資金} \geq 100\%。$$

可用穩定資金（available stable funding，ASF）係指預期可支應超過一定期間的權益及負債項目，計算方法爲將金融機關的權益資本和負債乘上對應的 ASF 係數，加總後就是可用穩定資金數量（表 3-6）。

表 3-6　可用穩定資金項目

可用穩定資金項目	可用穩定資金係數
第一類和第二類資本工具	100%
未包括在第二類資本中且到期期限大於等於 1 年的特別股	
所有有擔保或無擔保（含定期存款）、到期期限大於等於 1 年的借貸和債務	
來自零售客戶和小企業客戶的穩定存款	95%
來自零售客戶和小企業客戶的不穩定存款[15]	90%
來自非金融企業，剩餘到期期限小於 1 年的融資	50%
業務關係存款	
來自政府、多邊發展銀行，及公共部門實體（PSE），剩餘到期期限小於 1 年的融資	
剩餘到期期限在 6 個月以上、1 年以下的其他融資項目（包括央行和金融機構提供的融資）	
以上所列之外的其他所有負債和權益	0%

資料來源：BCBS（2013）。

---

15 各國對於穩定存款與不穩定存款的定義有所不同，以臺灣而言，穩定存款是指在存款保險額度（目前爲新臺幣 300 萬元，海外分行則視當地實際存款保障額度而定）內的新臺幣活期性及定期性存款；不穩定存款是指所有的外幣存款以及超過存款保險額度的新臺幣存款。

　　應有穩定資金（required stable funding，RSF）是指銀行對穩定資金的需求量，它是根據銀行所持有的各類資產的流動性特性和距離到期期限的剩餘時間計算得出的金額，包含資產負債表表外暴險，計算方法為將金融機構持有或通過融資獲得的資產總值，乘上對應的 RSF 係數後加總，就是應有的穩定資金數量（表 3-7）。

表 3-7　應有穩定資金項目

應有穩定資金（RSF）項目	應有穩定資金係數
現金、央行準備金	0%
對中央銀行債權，到期期限小於 6 個月	
交易日應收帳款，來自金融工具、外匯，及大宗商品的出售	
無變現障礙的一級資產，現金和央行準備金除外	5%
提供給金融機構的無變現障礙的放款，到期期限小於 6 個月，並滿足：放款由一級資產擔保，而且銀行可以自由對放款存續期限內的抵押品進行再抵押操作	10%
其他提供給金融機構的無變現障礙的放款，到期期限小於 6 個月	15%
無變現障礙的 2A 級資產	
無變現障礙的 2B 級資產	50%
有變現障礙的 HQLA，到期期限為 6 個月到 1 年	
提供給金融機構和央行的放款，到期期限為 6 個月到 1 年	
存放在其他金融機構的業務關係存款	
其他到期期限為 6 個月到 1 年的資產，包括提供給非金融機構客戶、零售商、小企業客戶、政府及公共部門實體（PSE）的放款	
無變現障礙的住房抵押放款，到期期限為 1 年以上，在 Basel I 標準法中被賦予 35% 或更低的信用風險權數	65%
其他無變現障礙放款，到期期限為 1 年以上，在 Basel II 標準法中被賦予 35% 或更低的信用風險權數	

表 3-7　應有穩定資金項目（續）

應有穩定資金（RSF）項目	應有穩定資金係數
用作衍生性商品合約初始保證金的現金、證券，或其他資產，以及用作集中交易相對方（central counterparty，CCP）違約基金的現金和其他資產[16]	85%
其他無變現障礙的良好放款（除了提供給金融機構的放款），到期期限為 1 年以上，在巴塞爾 II 標準法中被賦予 35% 或更低的信用風險權數	
無變現障礙且未被劃分為 HQLA 的非違約證券（到期期限為 1 年以上）；或在交易所買賣的權益證券	
實體大宗商品（包括黃金）	
以上未包括的其他資產	100%

資料來源：BCBS（2013）。

第二節　第四版巴塞爾資本協定：次貸危機後改革定案文件

　　《第三版巴塞爾資本協定：次貸危機後改革定案文件》（Basel III: Finalising Post-crisis Reforms），又被稱為第四版巴塞爾資本協定（簡稱 Basel IV），於 2017 年 12 月頒布，是為了應對全球金融危機而進行的重要改革。該文件補充了 Basel III 的內容，包括修訂信用風險資本計提的標準法、內部評等法，作業風險的資本計提，及槓桿比率等，並新增產出下限（output floor）的規定。

---

16 集中交易相對方參與的交易流程，在交易撮合之後，集中交易相對方會介入買賣雙方的交易裡，成為原買方的賣方，原賣方的買方，原先買賣雙方之間不再存有任何關係，主要目的即在於承擔市場的信用風險，以控管證券交易的整體風險。

一、修訂信用風險資本計提的標準法與內部評等法

Basel IV 針對衡量信用風險資本計提的標準法、內部評等法進行修正，主要內容如下：

（一）修訂信用風險資本計提的標準法

信用風險資本計提之標準法的改革旨在提高其風險敏感性，同時保持其簡單性，使其與內部評等法的邏輯一致。改革的主要內容包括對信用暴險進行更細化的分類、減少對外部評等的依賴程度等。改革後，信用風險資產以主權、銀行、公司、不動產等類別區分，並對各大類內的暴險及風險權數進行了更明確的分類（主權國家部分與 Basel II 無異），以防止監理套利行為，特別是針對房地產暴險，因其對銀行體系穩定性的影響程度較大，所以單獨列為一大類資產（表 3-8）。

對於使用外部評等的銀行要求加強對債務人的調查，至少應每年進行檢視，以強化銀行使用外部信用評等的應盡責任。此外，此次改革新增違約暴險定義，提出 8 項對違約借款人的暴險，實務上已認定屬違約的情事，例如，任何逾期 90 天以上的債權、於重大的信用相關經濟損失下出售債權等。此次改革也修正交易對手信用風險，包括合格擔保品用於抵減暴險額的相關規定，例如，合格擔保品的種類、信用風險抵減效果不可重複計算等。

表 3-8 中的不動產貸放比率（LTV）是指貸放金額對不動產價值的比率，計算方式如下：

$$LTV = \frac{貸放金額}{不動產價值} \geq 100\% \text{。}$$

（二）修訂信用風險資本計提的內部評等法

主要修訂內容包含取消以進階內部評等法評估中大型企業、銀行同業，及其他金融機構的暴險；股權投資僅能以標準法評估，[17] 不得使用內

---

17 這裡的股權投資是指私募股權投資，是在公司還未首次公開發行（initial public offerings，

表 3-8　Basel IV 的外部信用評等與風險權數

交易對手外部信用評等	AAA 到 AA$^-$	A$^+$ 到 A$^-$	BBB$^+$ 到 BBB$^-$	BB$^+$ 到 B$^-$	B$^-$ 以下	未評等
對多邊開發銀行暴險的風險權數						
風險權數	20%	30%	50%	100%	150%	50%
對銀行暴險的風險權數						
風險權數	20%	30%	50%	100%	150%	－
短期暴險風險權數[18]	20%	20%	20%	50%	150%	－
對一般企業暴險的風險權數						
風險權數	20%	50%	75%	100%	150%	100%
對住宅用不動產暴險的風險權數						
不動產貸放比率（loan to value，LTV）	LTV ≤ 50%	50% < LTV ≤ 60%	60% < LTV ≤ 80%	80% < LTV ≤ 90%	90% < LTV ≤ 100%	LTV > 100%
風險權數	20%	25%	30%	50%	70%	視交易對手而定[19]

資料來源：金融監督管理委員會，〈銀行自有資本與風險性資產之計算方法說明及表格〉，file:///C:/Users/user/Downloads/%E7%AC%AC2%E9%BB%9E%E5%AE%8C%E6%95%B4%E6%A2%9D%E6%96%87.PDF。

部評等法：為避免銀行低估信用風險預期損失，對銀行採用內部評等法模型自行估計的違約機率（PD）、違約損失率（LGD）及信用暴險（credit exposures）金額的投入參數，均訂有最低門檻限制。

IPO）之前，投資人投入資金以幫助其擴大發展，等待其成長茁壯後，再以高價脫手的投資手法。

18 對於原始到期日為 3 個月（含）以下，以及跨境貨物貿易而產生原始到期日為 6 個月（含）以下的銀行暴險，則適用短期暴險所對應的風險權數。

19 交易對手為個人適用 75%、中小企業適用 85%、其他企業依外部信評適用 20～150% 的風險權數。

二、修訂作業風險資本計提

　　次貸金融危機發生後，人們意識到現行作業風險規範存在的問題。首先，作業風險資本要求不足以彌補銀行可能面臨的作業風險損失。其次，作業風險的損失類型很多，包括行為不當、系統和控制不足等，這些損失難以透過內部模型來準確估算。因此，Basel IV 一律改採新標準法（standardised approach）衡量，取消了其他計算方法。

　　新標準法將三類業務收入（服務收入；財務收入；利息、租賃及股息收入）加總而得營業指標（business indicator，BI），依照營業指標落入的區間計算出營業指標因子（business indicator component，BIC）。根據國際清算銀行（BIS）的規定，最近 3 年平均 BI 小於 10 億歐元的銀行為第一級，介於 10 億至 300 億歐元的銀行屬於第二級，300 億歐元以上的銀行屬於第三級；營運指標邊際係數（marginal coefficients）是計算 BIC 時所用的係數，其會隨營運指標的規模而累進遞增，第一級為 12%，第二級為 15%，第三級為 18%；將 BI 乘上邊際係數即可得出 BIC。再透過銀行內部的作業風險資料庫，計算內部損失乘數（internal loss multiplier，ILM）──透過 BIC 及損失因子（loss component，LC）計算如下：[20]

$$ILM = \ln\left(e - 1 + \left(\frac{LC}{BIC}\right)^{0.8}\right)。$$

　　上式中，ln 為自然對數，e 為自然常數，損失因子為最近 10 年所發生的作業風險損失年平均值的 15 倍。最後，將 BIC 乘上 ILM 即為作業風險的資本計提金額。

---

20 參閱台灣經濟新報，《新 Basel III 作業風險資本計提》，https://www.tejwin.com/news/ %E6%96%B0basel-iii-%E4%BD%9C%E6%A5%AD%E9%A2%A8%E9%9A%AA%E8%B3%87 %E6%9C%AC%E8%A8%88%E6%8F%90/。

三、針對風險加權資產提出產出下限要求

　　為減緩各種風險（包括信用風險、市場風險）的風險加權資產（RWA）過度波動，銀行應遵守風險加權資產的產出下限要求。Basel IV 要求銀行若使用內部評等法（IRB）計提信用風險資本或是使用內部模型法（IMA）計提市場風險資本，至 2027 年，計算出的風險加權資產（RWA）不得低於採用標準法計算結果的 72.5%，並設定漸進導入的分階段目標（表 3-9）。此作法意謂使用內部評等法或是內部模型法計提信用或市場風險資本的銀行，可能將因此面臨需要增提資本的情況，這項規定可以避免銀行對風險的評估過於樂觀，同時提供使用標準法或內部評等法的銀行公平競爭的機會。

表 3-9　風險加權資產的產出下限實施日期

日期（年）	相對於標準法的風險加權資產產出下限
2022	50%
2023	55%
2024	60%
2025	65%
2026	70%
2027	72.5%

資料來源：BCBS（2017）。

四、增加附加槓桿比率

　　為降低 G-SIBs 槓桿操作所產生的外部性，[21] Basel IV 要求 G-SIBs 的槓桿比率為一般銀行的槓桿比率（3%），另增提槓桿比率附加資本緩衝——為 G-SIBs 額外資本要求比率（以普通股權益比率計算）的 50%。因此，

---

21 若 G-SIBs 採用過高的槓桿操作，致使銀行出現虧損甚至倒閉，會使與它有資金往來的銀行也受到影響。

G-SIBs 槓桿比率＝一般銀行的槓桿比率（3%）＋（50%×G-SIBs 額外資本要求比率）。例如，G-SIBs 符合等級 3，其所需額外增加的普通股權益比率為 2%，槓桿比率附加資本緩衝則為 2% 乘上 50%，即為 1%，因此其槓桿比率為 3% 加上 1%，為 4%。透過提高槓桿比率的標準，使 G-SIBs 必須增提第一類資本，進一步提升銀行經營的安全及財務穩定。

五、各國實施 Basel IV 的時程

巴塞爾銀行監理委員會（BCBS）原本所訂的 Basel IV 國際實施時間表為 2023 年 1 月 1 日，但由於 2019 年新型冠狀病毒的影響，除了澳洲、加拿大如期實施以外，其餘多個國家或地區的目標實施日期都已經調整。例如，中國、日本、香港及新加坡於 2024 年，歐盟、英國、美國及馬來西亞於 2025 年。臺灣方面，金融監督管理委員會（Financial Supervisory Commission）原規劃 2024 年起上路，但考量國際主要國家陸續宣布延後實施，系統及內部作業也需要調整期，因此決議推延 1 年，自2025年起實施。

第三節　結語

從 Basel III 到現在的 Basel IV，可以看到金融監理要求逐漸提高及完善，不僅資本適足率逐步提高，監理層面也擴大至流動性風險、限制銀行的槓桿比率等多個領域，使得金融機構需要更加全面地考慮和管理各種風險因素。Basel III 的主要內容為強化總體金融穩定性，引入總體審慎監理措施；重新細化市場風險權數，新增信用類別資產；細化資本結構，並增加緩衝資本比率，提高資本適足率；引入槓桿比率限制；及引入流動性風險監理，規範流動性覆蓋比率（LCR）和淨穩定資金比率（NSFR）兩個指標等。

Basel IV 的主要內容為改良信用風險資本計提的標準法，提高其風險敏感性，對於內部評等法的規定也更加嚴謹；作業風險資本計提一律改採新標準法衡量；提出風險加權資產的產出下限，讓使用標準法或內部評等法的銀

行公平競爭；及對 G-SIBs 提出額外的資本要求等。巴塞爾資本協定的不斷修訂和完善反映了國際金融監理合作的緊密性和有效性，各國監理機關通過協商和合作，共同推動全球金融體系的穩健發展。儘管巴塞爾資本協定不斷更新，隨著時代演進，金融市場不斷創新（例如，虛擬貨幣、數位金融的發展等），金融監理仍然面臨著許多挑戰，未來還是需要持續改進，使金融監理能夠跟上快速變化的金融環境，以避免金融危機的再度發生。

第四章
金融市場與流動性風險

　　金融市場總是伴隨著流動性風險，若金融機構不加以防範，將會遭受鉅額損失。本章將介紹 2008 年次貸金融危機以及 2023 年發生的多起美歐銀行危機的成因、影響，以及後續發展等，藉由這些歷史事件可以讓我們了解流動性風險的重要性，並爲往後可能出現的金融危機做好準備。

第一節　次貸金融危機

　　2008 年的次貸金融危機是近代經濟史上的一個重要事件。這次危機是由多種因素包括次級抵押貸款、金融機構監理的懈怠，及流動性風險控管不佳等因素共同引發。次貸金融危機起源於美國，進而衝擊至世界各地，對全球經濟、金融產生很大的影響，各國在次貸金融危機發生後，除了積極推出寬鬆貨幣以及各種刺激景氣的政策外，也把流動性風險視爲重要的議題，巴塞爾銀行監理委員會也爲此提出了新的金融監理規範。透過了解此次事件發生的始末，可以降低類似危機再次發生的機率。

一、次貸金融危機發生的原因

　　次貸金融危機並非單一原因造成，像是超額流動性、金融創新商品的出現、評等機構的利益衝突，及風險管理技術落後等，均是造成此次金融危機的原因。

（一）超額流動性

　　2000～2007 年間，全球經濟呈現大穩定（great moderation）局面，美國聯邦準備銀行（Federal Reserve Bank，Fed）在這段期間爲因應 2001 年科技泡沫而採行寬鬆貨幣政策，[1] 自 2001 年 1 月至 2003 年 6 月共降息了 13 次，聯邦基金利率（federal funds rate）由 6.5% 快速下降至 1%（圖 4-1）。利率的調降造成市場流動性大增，閒置的資金湧向房地產市場，而許多信用不

---

[1]　科技泡沫在 1995～2001 年間發生，2000 年 3 月美國那斯達克指數到達高點，歐美及亞洲各國的股票市場中科技相關企業股價也隨之大漲，之後則大幅下跌。

佳，無法向一般銀行取得貸款的家庭，轉而向影子銀行（shadow banks）取得貸款，[2] 為往後的房地產泡沫埋下了伏筆。全球資金氾濫使投資人將手上閒置的資金投入各種流動性較低的資產（例如，房地產），導致風險報酬下降，信用與資產市場出現泡沫化的跡象，次級房貸隱藏其中，成為金融市場的隱憂，直到 2007 年美國房地產價格崩跌，引爆了金融危機。

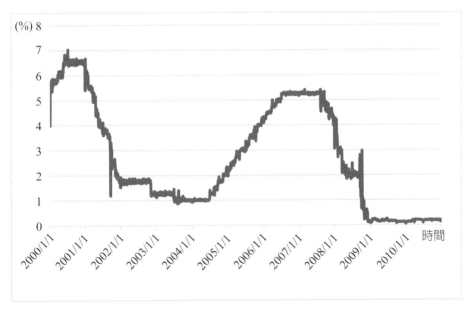

資料來源：MacroTrends，https://www.macrotrends.net/2015/fed-funds-rate-historical-chart。

圖 4-1　聯邦基金利率──2000～2010 年

（二）金融創新商品推陳出新

　　由於放款會讓銀行流動性降低以及需要承擔呆帳的風險，因此金融機構熱衷於發售各種不同的金融創新商品，其中以抵押貸款擔保證券（mortgage

---

2　影子銀行是一種類似銀行的金融機構，可以跟傳統銀行一樣進行貸款的功能，但是並不用受到嚴格的法規監管，例如，信託公司、投資銀行等。

backed securities，MBS）最爲盛行。[3] 透過發售 MBS，銀行將長期放款轉換爲可流通的證券，證券銷售後，取得資金，可以再向市場承做更多的放款，這種操作也能夠將原本必須自行承擔的信用風險轉移至公開市場上。在這一連串的操作下，次級房貸的金額由 2001 年的 1,900 億美元成長至 2006 年的 6,400 億美元（陳美菊，2009）。不僅如此，有些金融機構會將大量的 MBS 混雜其他的放款，包裝成新的金融商品——抵押債務債券（CDO）吸引投資人，這些商品也讓金融機構能夠獲得更多資金，進而承做更多的放款。

（三）評等機構的利益衝突

　　銀行發行證券的信用評等是由評等機構向發行銀行收費後進行評斷，因此雙方存在利益關係。評等機構爲了爭取與某些銀行的合作機會，對於這些銀行發行的證券會給予較高的評等，雖然其中還是會有評等較低的垃圾證券，但銀行會再將這些證券重新組合成新的 CDO，送給評等機構評等，在重複多次後，這些垃圾證券可能就變成高評等的證券，讓投資人不知不覺買入，也沒發現其中存在的風險。

（四）風險管理技術落後

　　金融創新商品不斷推陳出新，但是監理機關卻跟不上金融商品推出的速度，導致有些衍生性商品沒有受到適當的監理。金融機構在面對這些新穎的衍生性金融商品時，沒有合適的模型以及方法來評估它們的流動性、信用，及交易對手等風險，[4] 只能依賴未經市場驗證的模型進行風險評估及管理，而此等模型的各項假設是建立在金融穩定且市場流動性充分的基礎上，一旦市場出現危機或流動性短缺，其風險管理即完全失靈。

　　雷曼兄弟（Lehman Brothers）事件是次貸金融危機最重要的導火線。

3　MBS 是將金融機構的不動產擔保抵押貸款包裝組合移交給信託機構，由具公信力的機構來擔保所發行證券以強化信用，提高證券銷售。

4　交易對手風險是指交易其中一方不履行契約內容的風險。

2008 年 9 月，雷曼兄弟受到房地產泡沫破滅的影響，財務受到嚴重打擊，因此宣布尋求破產保護。在當時，雷曼兄弟的資產爲 6,390 億美元，負債爲 6,130 億美元（巫和懋，2009），資產大於負債理應不會發生破產的情況，但最後雷曼兄弟還是宣布倒閉，其中最大的原因就是流動性問題。在資產方面，倒閉前雷曼兄弟所持有的資產大部分爲商業不動產，這些資產爲長期資產居多，流動性不佳，也就是說這些資產相對來說難以變現，變賣所需的時間比較長；在負債方面，爲了籌集資金來擴大業務，雷曼兄弟選擇使用大量的短期借款，這種模式使得流動性風險倍增，長期資產無法立即變現支付短期負債，這才導致了它們的倒閉。此次事件後，流動性風險受到更多的關注，巴塞爾銀行監理委員會也在 Basel III 中針對流動性風險提出衡量的指標及規範，力圖控制此風險，避免金融危機再度發生。

二、次貸金融危機對金融市場的影響

次貸金融危機不僅對金融機構造成了巨大的損失，也對全球房地產市場和信貸市場帶來重大衝擊，也因爲這次事件使得金融業及監理機關更加重視流動性風險。

（一）房地產泡沫破滅

美國聯準會（Fed）自 2004～2006 年持續升息，聯邦基金利率由 1.0% 升至 5.25%（圖 4-1），利率上升加上房價下跌，無力償還貸款的家庭相繼出現，房貸違約率逐漸上升，導致抵押債務債券的現金流量減少，價值下降，在次級債券市場的流動性受阻。2007 年 4 月，美國第二大次級房貸放款業者新世紀金融公司（New Century Financial Corporation）宣布破產、2008 年 9 月美國政府接管房地美（Freddie Mac）、房利美（Fannie Mae）。[5] 2008～2009 年，美國累計銀行倒閉家數高達 150 家（2008 年 26 家、

5　聯邦住房抵押貸款公司（Federal Home Loan Mortgage Corporation，FHLMC），通常被稱爲房地美（Freddie Mac）；聯邦國民抵押貸款協會（Federal National Mortgage Association，FNMA），通常稱爲房利美（Fannie Mae）。

2009 年 124 家），[6] 許多放款業者無法承受次級房貸虧損，接連倒閉，房地產泡沫破滅。

（二）信用風險加劇，流動性風險升高

2007 年，各國央行紛紛向市場注入資金，美國聯準會也積極採取降息措施應對。然而，這些措施僅能暫時紓解信貸市場資金短缺壓力，一旦市場出現波動，信貸緊縮壓力就會急速升高。2008 年 9 月，雷曼兄弟破產後，信用危機進一步惡化，歐美多家銀行也相繼陷入財務危機。銀行同業拆款利差急遽擴大，美國國庫券利率持續上升，市場恐慌程度的指標泰德利差（Treasury & Eurodollar spread，TED spread）和美國信用違約互換利差（credit default swap spread，CDS spread）都創下歷史新高（圖 4-2、4-3）。

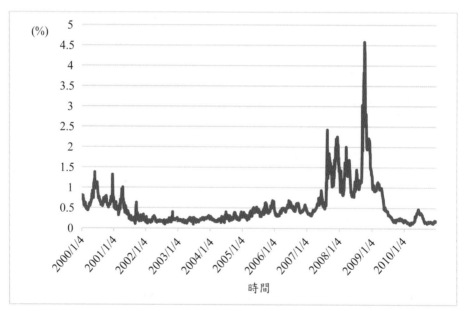

資料來源：MacroTrends，https://www.macrotrends.net/1447/ted-spread-historical-chart。

圖 4-2　泰德利差──2000～2010 年

6　參閱中央銀行，《全球金融危機專輯》，https://www.cbc.gov.tw/tw/public/Attachment/011151713671.pdf。

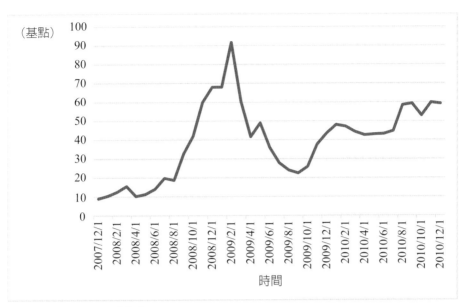

資料來源：Bloomberg 資料庫，https://www.bloomberg.com/asia。

圖 4-3　信用違約互換利差──2007～2010 年

　　TED 利差是美國公債殖利率與 3 個月期美元倫敦銀行間拆借利率（London Interbank Offered Rate，LIBOR）的利差，用來計算金融市場的美元拆款利率與美國公債利率（無風險利率）之間的差距，反映市場流動性狀況，利差擴大時，表示國際金融市場投資者的避險情緒上升，市場資金供給緊縮。CDS 利差是 CDS 買方每年需要支付給賣方的費用，這個費用是以債券、貸款的名目本金乘以基點（basis points，bps）來計算，[7] CDS 利差越大，表示市場認為借款人的違約風險越大。

　　此外，次貸金融危機也使商業本票（commercial paper，CP）市場凍結，金融商業本票的流通金額從 2008 年 8 月底的 8,022 億美元急劇下降至 2008 年 10 月中旬的 5,891 億美元，美國中大型企業的資金調度面臨困境，市場流動性壓力急速升高，全球皆面臨前所未有的流動性困境（陳美菊，2009）。

7　1 基點為 0.01%。

（三）流動性風險受到關注

　　由於雷曼兄弟的倒閉，使金融機構意識到就算資產大於負債，沒有控管好流動性風險還是有可能發生破產的情況，因此在此次事件後，流動性風險受到更多的關注，巴塞爾銀行監理委員會也在 Basel III 中針對流動性風險提出流動性覆蓋比率（LCR）以及淨穩定資金比率（NSFR），兩種衡量流動性的指標，希望金融機構能夠根據這些指標控制流動性風險，避免危機再次發生。

三、次貸金融危機的應對方法

　　為了應對次貸金融危機，各國政府採取提供資金、增加流動性的政策，例如，直接挹注資金、降低存款準備率和政策利率，及提供流動性協助等，透過這些政策幫助金融機構渡過難關，並增強民眾的信心。

（一）直接挹注資金

　　指由央行直接向市場注入資金，以解決銀行的流動性問題。央行作為銀行資金的最後奧援者必須在市場發生危機時注入資金，增加流動性，恢復市場運作，因此歐美等國的央行都積極幫助銀行獲得短期資金，渡過危機。例如，2008 年 10 月，美國聯準會宣布對花旗銀行注資 250 億美元，11 月再度挹注 200 億美元；2008 年 9 月，比利時、荷蘭及盧森堡政府共同向富通集團（Fortis）注資 112 億歐元；[8] 同年 10 月，德國政府協助 Hypo 不動產控股公司獲得 500 億歐元貸款（陳美菊，2009）。[9]

（二）降低存款準備率及政策利率

　　降低存款準備率有助於銀行增加更多的資金注入市場，提高流動性；政策利率是中央銀行向銀行放款時的利率，包含擔保放款融通利率、短期融通

8　富通集團主要提供投資管理及大型金融服務，在次貸危機時發生流動性危機而導致在荷蘭的業務被收歸國有，並且需要比利時和盧森堡政府提供資金協助，之後主要業務也逐一出售。

9　Hypo 為德國第二大不動產放貸機構。

利率，降低政策利率表示銀行向中央銀行借款的利率下降，因此銀行獲取資金的成本降低。美國聯準會、歐洲央行、英格蘭銀行、瑞士央行、瑞典央行及加拿大央行於 2008 年 10 月 8 日聯合降息，降幅同為 2 碼（0.5 個百分點），美國的聯邦基金利率降至 1.5%，歐洲央行的主要再融資操作（main refinancing operations，MRO）利率降至 3.75%。[10] 隨後，Fed 在通膨減緩以及經濟成長減弱下，再採取降息措施，12 月 Fed 宣布首度採取區間利率目標，將聯邦基金利率降至 0～0.25%（陳美菊，2009）。

（三）流動性協助

各國政府相繼推出了一系列新的措施，旨在協助金融機構或企業獲得貸款，包括擴大接受作為貸款抵押品資產的範圍，以降低銀行間的借貸利率，增加銀行的資金流動性；美國聯準會也以商業票據融資工具（commercial paper funding facility，CPFF）直接向非金融企業提供流動性。[11] 此外，各國央行聯合降低政策利率並簽署通貨互換（currency swap）協定，[12] 共同提振銀行間的借貸信心。

四、次貸金融危機的後續影響

2008 年的次貸金融危機暴露了流動性風險存在的問題：

1. 一家銀行的流動性危機可能引發其他銀行的連鎖反應。

2. 銀行監理存在合成謬誤（fallacy of composition）問題。[13] 例如，少數銀行通過金融市場獲得資金是正常現象，但若多數銀行都依賴市場融資，當市場出現系統性危機時，將導致整個市場流動性枯竭。

---

10 主要再融資操作利率是歐洲央行的基準利率，為銀行向歐洲央行提供抵押品，一週後進行逆回購的利率。

11 CPFF 使 Fed 可以直接向合格發行人（包括金融機構及非金融企業）購買商業票據，以釋出資金。

12 通貨互換協定為不同國家的央行約定好將各自等值、期限相同、利率計算方法一致的不同貨幣資金，按照約定的匯率進行調換，並在到期後歸還對方原始貨幣並結清利息的協定。

13 合成謬誤是指只因對某些部分來講是正確的，便說對整體而言也肯定無誤，這種以偏概全是一種謬誤。

　　3. 監理機關和銀行未能充分預期和應對突發的流動性風險。就個別銀行而言，許多銀行未考慮到在緊急的情況下，持有的外幣貶值發生損失、交易對手違約、存戶提款，及緊急籌資計畫失效等問題；從市場角度來看，一些銀行也未考慮到金融市場出現流動性枯竭的可能性。

　　因此，次貸金融危機發生後，金融監理機關也意識到流動性風險監理對於整個銀行體系穩定的重要性，對於流動性風險監理也有新的作法與措施。詳言之：

（一）流動性風險監理的新理念

　　由於中央銀行主導貨幣和總體經濟政策，因此各國央行在流動性風險監理中的角色至關重要，流動性風險監理應以央行爲核心，確保銀行業的資金穩定。比起只要求銀行持有大量流動性資產，結合事前的流動性風險監理和事後的資金最後奧援的角色，能更好地實現監理目標。次貸金融危機也凸顯了實施流動性壓力測試（liquidity stress testing）的必要性。與個別銀行不同，監理機關實施的流動性壓力測試應以整個金融市場爲基礎，重點關注銀行的合成謬誤對系統性風險的影響，從而有效避免類似事件再次發生。

（二）Basel III 訂定流動性風險監理的新標準

　　2009 年 12 月，巴塞爾銀行監理委員會（BCBS）發布了《增強銀行業抗風險能力》（Strengthening the Resilience of the Banking Sector）和《流動性風險衡量、標準及監控的國際框架》（International Framework for Liquidity Risk Measurement, Standards and Monitoring）兩份文件的徵求意見稿，並於 2010 年 9 月推出正式版本——即第三版的巴塞爾資本協定（Basel III）。相較於 Basel II，Basel III 主要新增內容爲 BCBS 對銀行體系之流動性的規範與監理標準（詳細內容見第三章第一節）。

第二節　2023 年因流動性風險引發的銀行倒閉事件

　　2023 年 3 月，美國相繼有三家銀行宣布倒閉，加密貨幣友善銀行——銀門銀行（Silvergate），由於 2022 年虛擬資產市場崩盤，投資人大量取出存款，使其必須以虧損的價格大量賣出有價證券，因此在 2023 年 3 月 9 日宣布將按照監理程序結束其業務並自願清算資產。矽谷銀行（Silicon Valley Bank，SVB）則是因資產負債表期限錯配，負債過於集中短期創投及新創科技存款，資產則集中在長天期債券投資，在美國貨幣政策緊縮的情況下，SVB 存款大量流失導致資本不足，美國聯邦存款保險公司（Federal Deposit Insurance Corporation，FDIC）於 3 月 10 日宣布矽谷銀行倒閉。SVB 是美國第 16 大銀行，此次事件也是自 2008 年次貸金融危機以來，規模最大的銀行倒閉事件。

　　矽谷銀行倒閉後，股市出現大幅下跌，存款人對簽名銀行（Signature Bank）信心不足而出現擠兌，簽名銀行在隔一天也宣告倒閉。矽谷銀行破產不久後，瑞士信貸（Credit Suisse）——簡稱瑞信——也因內部風險控制不善，在 3 月 15 日股價暴跌，隨後僅不到 1 個星期的時間，3 月 19 日瑞士聯邦政府就宣布瑞士信貸將被瑞士聯合銀行集團（United Bank of Switzerland，UBS）——簡稱瑞銀集團，以 30 億瑞士法郎（約 32 億美元）收購，瑞銀集團也獲得瑞士聯邦政府 1,000 億元瑞郎的流動性支援，事件隨即落幕。這一系列事件主因皆爲存款大量流失導致流動性不足，凸顯了流動性及系統性風險對銀行的重要性，監理機關還需更加關注這些問題。

一、瑞士信貸事件

　　2023 年 3 月，擁有 168 年歷史的瑞士信貸被瑞銀集團收購，震撼全球金融圈，本節將詳述事件發生的始末，探究爲何瑞士信貸可以安然渡過 2008 年的次貸金融危機，但卻無法處理這次的問題。

（一）事件發生原因

金融業的根本是信任，一旦人們對銀行失去信心，開始擠兌，就會引發流動性風險，從 2008 年的次貸金融危機，到 2023 年的矽谷銀行和瑞士信貸都是如此。人們對瑞信的不信任可說是多年累積下來的結果。2017 年起，瑞信開始爲英國金融服務公司 Greensill Capital 募集基金，瑞信將這些基金賣給保險公司、退休基金等客戶，沒想到 2021 年 Greensill Capital 倒閉，導致瑞信 100 億美元的損失。

2013 年，莫三比克（Mozambique）政府編造「打造鮪魚產業」的計畫，發行 8.5 億美元債券，宣稱債券收益將用於「鮪魚和其他漁業資源的漁業活動」，因此也被稱爲鮪魚債券（tuna bond），此債券由瑞士信貸及其他銀行協助銷售，但計畫卻淪爲官員洗錢的工具。2019 年，瑞信遭到美國證券交易委員會（United States Securities and Exchange Commission，SEC）指控欺騙債券投資人，未對他們揭露重要資訊，包括債券收益的用途、支付給銀行員工的回扣，及涉及莫三比克官員的行賄事件等。

2021 年 10 月，瑞信與美國司法部、證券交易委員會、英國金融行爲監理總署（Financial Conduct Authority，FCA）及瑞士金融市場監督管理局（Financial Market Supervisory Authority，FINMA）達成協議，爲其在銷售鮪魚債券時欺騙投資人的行爲付出 4.75 億美元的罰款。[14] 此外，瑞信也爲美國對沖基金 Archegos Capital 提供股票衍生商品的融資，Archegos Capital 把從投資銀行（包括瑞信）借來的資金進行高槓桿操作，重押 8 檔股票，沒想到其中 3 檔股票接連崩跌，最終損失慘重，流動性風險爆發，因無法支付保證金慘遭斷頭。

在 Archegos Capital 事件中，瑞信損失了 47 億美元，風險部門和投資部門主管也因此下台，這些事件都顯示瑞信的內部風險控管不夠嚴謹。此外，瑞信還被暴出在 2022 年將客戶資訊洩漏給販毒和人蛇集團，並捲入保加利

---

14 參閱〈充滿貪腐的鮪魚債券，如何讓貧窮的莫三比克墜入深淵〉，https://vocus.cc/article/618 4ddcafd89780001de6d31。

亞古柯鹼網路洗錢案，瑞信因未採取行動來防止這個犯罪集團洗錢，違反企業責任，挨罰 200 萬瑞郎，瑞信的一名前員工也被判加重洗錢罪，他在 2007 年 7 月至 2008 年 12 月間，掩護犯罪集團的交易，讓他們得以避開當局的監控，藏匿約 1,900 萬瑞郎。幾次事件下來，降低了人們對瑞信的信任。根據公司財報，2022 年第 4 季約有 1,100 億瑞郎的存款被客戶提領。在矽谷銀行破產後，瑞信宣布其 2020～2022 年的財報內控存在重大缺陷，將重新審核。在持有瑞信 9.9% 股權的最大股東——沙烏地國家銀行（Saudi National Bank）表示不會為瑞信提供金援後，人們對瑞信的信心崩潰，開始大量提款，瑞信的股價也隨之暴跌，最終慘遭被收購。

（二）事件後續發展

在瑞士信貸倒閉之前，瑞士國家銀行（Swiss National Bank，SNB）——瑞士的中央銀行宣布會在必要時提供緊急流動性援助（emergency liquidity assistance，ELA）。隨後，瑞士國家銀行採取了一些緊急措施（表 4-1）。最終 SNB、瑞士金融市場監督管理局（FINMA），及瑞士聯邦財政部（Federal Department of Finance，FDF）共同促成瑞銀集團對瑞士信貸的收購，該交易於 2023 年 3 月 19 日達成，瑞銀集團同意以 30 億瑞郎收購瑞士信貸，並於同年 6 月完成收購（陳世章，2023）。

二、矽谷銀行事件

矽谷銀行（SVB）創立於 1983 年，總部位於美國加州聖塔克拉拉市（Santa Clara），有 40 年歷史，主要提供科技、生命科學類公司金融服務，包括商業銀行、投資銀行、資產管理及國際銀行等服務，本節將詳述矽谷銀行倒閉事件的始末。

（一）事件發生原因

1. 風險控管不足

SVB 的客戶主要是科技、風險投資相關的創投（venture capital）公司，

表 4-1　瑞士國家銀行的緊急流動性援助措施

措施	主要內容	金額（截至2023年底）
損失保護擔保（loss protection guarantee）	彌補瑞銀集團收購期間瑞士信貸資產負債表可能產生的損失（前提是此類損失超過 50 億瑞士法郎）	90 億瑞郎
流動性短缺融通機制（liquidity-shortage financing facility，LSFF）	金融機構面臨流動性短缺時，可以公債等高品質流動性資產為擔保，向 SNB 申請 LSFF	100 億瑞郎（已全數償還）
緊急流動性援助（emergency liquidity Assistance，ELA）	金融機構面臨流動性危機時，可以房屋貸款債權或其他合格證券為擔保，向 SNB 申請 ELA	380 億瑞郎（尚未償還）
額外緊急流動性援助（emergency liquidity assistance plus）	金融機構面臨緊急流動性危機時，SNB 可對金融機構提供額外 ELA（無擔保融通），惟對金融機構有破產優先求償權	1,000 億瑞郎（使用 500 億瑞郎，已全數償還）
公部門保證流動性支持（public liquidity backstop，PLB）	PLB 係由瑞士聯邦政府為金融機構提供保證，並由 SNB 提供流動性融通機制	1,000 億瑞郎（使用 700 億瑞郎，已全數償還）

資料來源：瑞士國家銀行，〈金融穩定報告〉（Financial Stability Report），file:///C:/Users/user/Downloads/stabrep_2023.en.pdf。

它的資產在 2019〜2021 年之間快速增長，原因與大部分客戶從事的行業成長密切相關。SVB 的資產集中在中長期的美國國債和其他機構發行的證券（例如，不動產抵押貸款證券），持有債券總額佔總資產的 55%，在長期債券風險高且受利率波動影響巨大下，SVB 並未做好避險措施，並且在 2022 年風險管理首席官從缺，顯示風險部門內部已出了問題。

2. 貨幣政策緊縮

2022 年，在美國貨幣政策緊縮的情況下，SVB 因許多存款客戶處於新創時期，資金需求大，因此必須不斷從銀行提領現金，造成存款不斷流失，但新資金流入的速度卻放緩，只能出售持有的美國國債、抵押貸款擔保證券，但聯準會升息導致國債、抵押貸款擔保證券的價格下跌，出售債券等於實現虧損。SVB 公告出售債券時已知會虧損，但因流動性危機不得不如此，變相告訴市場自己的財務狀況惡化，致使民眾恐慌。最後，SVB 宣布將重組資產負債表，並且被迫出售由美國國債和住宅不動產抵押貸款擔保證券（residential mortgage-backed security，RMBS）組成的 210 億美元可供銷售證券（available-for-sale securities，AFS），[15] 以應付存戶的提領，而面臨 18 億美元的預估稅後損失。

（二）事件後續發展

美國聯準會作為 SVB 的監理機關，通知美國聯邦存款保險公司（FDIC）SVB 可能無法繼續應對存款外流。2023 年 3 月 11 日，加州金融保護與創新局（California Department of Financial Protection and Innovation，CADFPI）宣布關閉 SVB，並由 FDIC 擔任接管人。隨後 FDIC 宣布自 3 月 13 日起 SVB 銀行的存戶可以全額領取存款，客戶不須擔心要承擔 SVB 倒閉帶來的虧損，美國聯準會也宣布啓動銀行定期融資計畫，符合條件的存款機構可以用美國公債等合格資產作為抵押品，向 Fed 申請長達 1 年期的貸款，以確保銀行流動性。3 月 27 日，FDIC 與北卡羅來納州的第一公民銀行（First Citizens Bank）達成協議，後者將承接 SVB 的所有存款和放款，包括 1,190 億美元的存款和 720 億美元資產，FDIC 也將持續為存款提供保險，事件落幕。

三、流動性風險規範的缺陷

從以上的銀行倒閉事件中，我們可以發現到即使經歷了次貸金融危

---

15 可供銷售證券（AFS）是一種債務或股權證券，分類為持有至到期、持有待售或可供出售，購買此類證券的目的是在到期前出售或在無到期日的情況下長期持有。可供出售證券按公允價值計算，未實現的損益計入資產負債表之股東權益部分的其他綜合收益中。

機，金融機構對於流動性風險的防備還是不足，本節將詳述 Basel III 對流動性風險監理規範的缺陷。

（一）巴塞爾資本協定存在漏洞

首先，巴塞爾銀行監理委員會強調全球商定的資本監理框架是為了保護銀行免於遭受系統性危機，而不是防止銀行倒閉，因此銀行倒閉並不意謂著巴塞爾協議的失敗。矽谷銀行倒閉的關鍵因素之一是因為它並不受巴塞爾銀行監理委員會制定的全球標準的約束，巴塞爾資本協定適用於國際活躍銀行，但對於何謂國際活躍銀行並沒有明確的定義，各國在確定巴塞爾資本協定的適用範圍時擁有自由裁量權。

2019 年，美國總統川普任期內推出放鬆管制客製規則（tailoring rule），即只有大型的銀行（資產達到 7,000 億美元以上）或具有重大跨司法管轄區活動的銀行，才須遵守巴塞爾資本協定中的所有規定（例如，流動性標準或壓力測試），這意謂著在美國營運的數千家銀行中，大約只有 10 家（包括母公司為美國的 8 家全球系統重要性銀行）需要滿足巴塞爾資本協定的所有規定。此外，總資產未達 7,000 億美元的銀行則大幅降低相關監理要求，例如，資產規模達 1,000 億美元以上但未達 2,500 億美元的銀行，無須提列逆循環資本緩衝，並免除適用補充槓桿比率等。因此，包括上述倒閉的銀行，美國許多銀行都不在巴塞爾資本協定嚴格的監理框架下運作。

綜上所述，在決定 Basel III 的適用範圍時，不應僅考慮銀行規模大小，SVB 事件已經顯示就算不是國際活躍的銀行倒閉也可能會產生系統性影響。因此，在決定是否適用巴塞爾資本協定時，應該評估銀行的潛在系統性影響，而不只是看其是否為國際活躍銀行。

（二）流動性規範的衡量與標準不足以應付流動性危機

由 2023 年因流動性風險引發的銀行倒閉事件可以發現，流動性準備在發生危機時，並不能應付擠兌的情況。2022 年底，瑞士信貸的流動性覆蓋

比率（LCR）為 144%、淨穩定資金比率（NSFR）為 117%，[16] 均高於 BCBS
所規定的 100%，以巴塞爾資本協定的規範來看，瑞士信貸應該是一家流
動性狀況良好的銀行，但它最終還是無法渡過危機，淪為被收購的下場。
因此，巴塞爾資本協定所規定的流動性準備對銀行來說，只能作為最低要
求，在真正發生流動性危機時可能不足以讓銀行脫離困境。

（三）流動性風險規範的改進建議

　　瑞士信貸的流動性覆蓋比率（LCR）雖然一直維持在 Basel III 規範的
100% 以上，但在 2022 年底至 2023 年初（也就是發生危機的期間），其
LCR 大幅的下跌（圖 4-4）。因此，巴塞爾資本協定除了規範最低要求，也
應關注 LCR、NSFR 是否有異常變動的情況，而不只是設定最低標準。

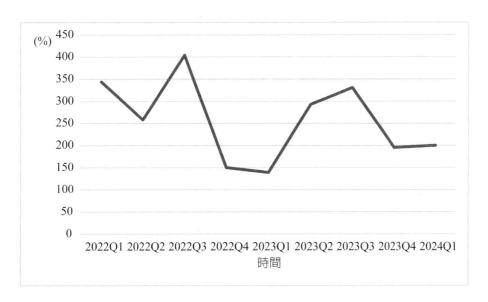

資料來源：Credit Suisse，〈Liquidity Coverage Ratio Disclosure Report〉，https://www.credit-
　　　　suisse.com/about-us/en/reports-research/subsidiary-financial-reports/credit-suisse-
　　　　holdings-usa-inc.html。

圖 4-4　瑞士信貸的流動性覆蓋比率──2022～2024 年

---

16 參閱《瑞士信貸監理揭露》（Credit Suisse Regulatory Disclosures），2022 年第 4 季。

第三節　各國面對流動性危機的應對措施　Ⓢ

　　流動性風險的影響範圍非常廣泛，涉及市場運作、資產價格，及整體的經濟穩定，本節將介紹各國政府和央行如何應對流動性風險所引起的金融危機。

一、美國面對流動性危機的應對措施

　　美國為全球最重要的經濟體，在次貸金融危機爆發時，美國採取低利率及直接提供流動性的政策。在利率方面，美國採取降息策略，不斷降低基準利率與存款準備金利率，同時也降低貼現率，延長貸款期限。此外，美國聯準會也推出各種創新救市工具，例如，定期拍賣工具（term auction facility，TAF）、定期證券借貸工具（term securities lending facility，TSLF），及商業票據融資工具（commercial paper funding facility，CPFF）等來增加市場流動性供給，以緩解市場流動性不足。詳言之：

（一）定期拍賣工具（TAF）

　　為聯準會向存款機構（例如，銀行、信用合作社等）拍賣長期資金，存款機構就能透過 TAF 取得長天期的流動性資產。

（二）定期證券借貸工具（TSLF）

　　允許交易商以流動性較差的證券向美國聯準會作抵押，交換高流動性的國債。

（三）商業票據融資工具（CPFF）

　　聯準會可以從金融機構及企業購買商業票據，將現金投入市場，增加整體流動性。

　　新冠疫情期間，美國在疫情衝擊下，股市大幅下跌，為了向市場提供流動性，避免恐慌，聯準會採取多種措施。首先，連續多次下調聯邦基金利率，並同時承諾無限量購買政府債券。其次，推出一系列創新救市商品及

工具，例如，商業票據融資、初級市場公司信貸融資工具（primary market corporate credit facility，PMCCF）、次級市場公司信貸工具（secondary market corporate credit facility，SMCCF）及定期資產擔保證券貸款工具（term asset-backed securities loan facility，TALF）等。詳言之：

（一）初級市場公司信貸融資工具（PMCCF）

目的為支持企業借貸，實際內容為幫助大型且信用良好的企業發行新的公司債和貸款融資，期限為 4 年。

（二）次級市場公司信貸工具（SMCCF）

目的為支持次級市場公司債的流動性，實際內容是購買大型且信用良好的企業所發行的債券，並且買入在美國本土投資級債券組合成的 ETF。

（三）定期資產擔保證券貸款工具（TALF）

提供資產抵押證券發行機構融資，使這些機構可以增加信貸、學生貸款、汽車貸款等業務。

二、中國面對流動性危機的應對措施

中國為世界第二大經濟體，以製造業為主，各種產品出口量及產量在世界上均名列前茅。次貸金融危機時期，中國採取寬鬆性的貨幣政策，透過調整利率及存款準備率來使資金流入市場，增加市場上的流通性。例如，在 2008 年間 5 度降低人民幣貸款利率，從 7.47% 下降至 5.31%；4 度降低人民幣存款準備率，從 17.5% 下降至 14.5%（康書生、宋娜娜，2010）。公開市場操作也是中國人民銀行增加流動性的方法之一。2008 年 9 月起，中國減少中央銀行票據的發行規模及頻率，增加可貸資金的數量，使貨幣流回市場，提高資金流動性；商業銀行也降低信用貸款的難度，加大發放信貸的規模、提高額度，人民銀行、財政部、社會保障部等也透過增加貸款金額、提高勞動密集之小型企業的小額貸款額度上限（從人民幣 100 萬元調升至 200 萬元）等政策來增加金融機構的放款。這些措施有助於中小型企業維持基本的運作，渡過週轉不靈的危機。

　　新冠疫情期間，中國人民銀行於 2020 年 2 月開始實施 1.2 兆元的公開市場操作，並將金融機構存款準備率下調 0.5～1%，超額存款準備率從 0.72% 下調至 0.35%；2020 年 1 月設立了人民幣 3,000 億元的抗疫專項貸款，利率為 3.15%；貸款市場報價利率（loan prime rate，LPR）也下調 0.1 個百分點，[17] 1 年期 LPR 降為 4.05%，5 年期以上 LPR 降為 4.75%；2020 年 1、2、3 月分別開始常備借貸便利工具（standing lending facility，SLF），[18] 分別為人民幣 360.5 億元、360 億元及 306.3 億元；受疫情衝擊較大的中小企業可申請延後償還貸款本息，並且逾期還款將免予處罰。通過上述多種管道釋放流動性，目的在於保證市場流動性充裕，避免流動性危機的發生。

三、澳洲面對流動性危機的應對措施

　　澳洲經濟基本面良好且與亞洲高度聯結，在次貸金融危機期間所受的影響也較小，是少數經濟復甦較快的已開發國家之一。澳洲主要採取降息的策略，於 2008 年 9 月開始連續降息，至 2009 年 9 月將基準利率調降至 3%，總降幅為 16 碼（4%）（鄧雪蘭、邱曉玲，2011）。澳洲央行快速因應調整貨幣政策，將次貸金融危機的衝擊降至最低，2009 年 10 月，澳洲成為第一個在次貸金融危機後宣布升息的國家，2010 年 10 月，利率已回升至 4.75%，為少數在次貸金融危機發生後迅速復甦的國家之一。

　　新冠疫情期間，2020 年 3 月 3 日，澳洲準備銀行（Reserve Bank of Australia，RBA）將基準利率下調 25 個基點至 0.5%，3 月 19 日又下調至 0.25%，為歷史最低點。此外，RBA 也推出了小企業貸款計畫，提供年營業額低於 5,000 萬澳元的企業申請，貸款金額最高為 100 萬澳幣；購買政府債

---

17 貸款市場報價利率是中國貸款利率參考基準，每月 20 日定期公布，目前提供 1 年期和 5 年期以上兩個期限種類。

18 常備借貸便利工具主要功能是滿足金融機構期限較長的大額流動性需求，對象主要為全國性銀行，期限為 1～3 個月，利率水準依貨幣政策調控，常備借貸便利工具以抵押方式發放，合格抵押品包括高信用評等的債券等。

券，在 2020 年 11 月宣布購買 1,000 億澳幣的政府公債。透過上述措施來增加市場流動性，幫助企業渡過新冠疫情所帶來的經濟危機。

四、歐盟面對流動性危機的應對措施

由於歐盟成員包含許多國家，各國在遭遇金融危機時受到的影響不一，要採取一致的政策較爲困難，因此歐盟及歐洲中央銀行（ECB）主要採取降息或購買債券等方式爲市場注入流動性，並提供資金給各國渡過金融危機及進行復甦計畫。

次貸金融危機發生後，部分歐洲國家，例如，希臘、葡萄牙、愛爾蘭、義大利及西班牙等國，因爲經濟衰退使得政府財政狀況面臨嚴重壓力，無法償還或延遲償還債務，導致歐債危機發生。爲了解決次貸及歐債兩個金融危機帶來的影響，歐洲中央銀行（ECB）採取多種措施來增加市場流動性，主要內容如下：

（一）降息

ECB 在 2011～2012 年共三度降息，將存款利率降至 0%，主要再融資利率（MRO）降至 0.75%，邊際貸款機制（marginal lending facility，MLF）利率降至 1.5%，[19] 皆爲歷史最低。

（二）證券市場計畫（securities market programme，SMP）

ECB 於 2010 年 5 月決議啓動 SMP，在次級市場購買歐元區國家以歐元計價的政府債券，並在初級及次級市場購買歐元區私人企業發行的合格債券，規模達 2,195 億歐元。

（三）兩輪擔保債券購買計畫（covered bond purchase programme）

此計畫購入初級及次級市場的擔保債券，目的在引導市場利率走低、放寬對授信機構與企業融資條件、鼓勵授信機構擴大對客戶放款，及改善私部

---

19 邊際貸款機制利率是銀行以合格的抵押品作爲抵押向歐洲央行借款的利率，一般爲應急工具使用，期限爲一天。

門債券市場流動性。第一輪計畫時間爲 2009 年 7 月至 2010 年 6 月，第二輪計畫則爲 2011 年 11 月至 2012 年 10 月，規模分別爲 600 億與 400 億歐元。

（四）3 年期的長天期再融資操作（long term refinancing operation，LTRO）

LTRO 爲長天期的定期流動性供給工具，附條件交易、每月操作，期間爲 3 個月，依據 ECB 官網公布的操作日程實施。ECB 以固定利率 1% 分別於 2011 年 12 月及 2012 年 2 月提供 4,892 億及 5,295 億歐元給歐元區內的銀行融通資金。

除了 ECB 以外，歐盟也積極採取緊急應對措施來應對金融危機。例如，臨時性緊急應對措施、永久性援助機制，主要內容如下：

（一）臨時性緊急應對措施

歐盟及國際貨幣基金組織（IMF）爲紓緩歐元區流動性問題，於 2010 年 5 月推出 7,500 億歐元的紓困方案，包括歐洲金融穩定機制（European Financial Stabilisation Mechanism，EFSM）600 億歐元、歐洲金融穩定基金（European Financial Stability Facility，EFSF）4,400 億歐元及 IMF 提供的 2,500 億歐元。

1. **歐洲金融穩定機制**（EFSM）。於 2010 年 5 月成立，以較低的利率提供貸款給陷入經濟困境、金融危機，及有資金需求的歐盟會員國，總金額爲 600 億歐元。

2. **歐洲金融穩定基金**（EFSF）。2010 年 5 月 9 日成立，以歐元區會員國的信用作擔保發行債券，爲陷入財務困境的歐元區國家提供貸款，總金額爲 4,400 億歐元。

（二）永久性援助機制

2011 年 3 月，歐盟理事會（European Council）決定由歐元區會員國出資，成立永久性的歐洲穩定機制（European Stability Mechanism，ESM），從 2013 年 6 月起提供歐元區經濟體永久性援助機制，取代當時的 EFSM 及 EFSF。ESM 爲債務龐大的歐元區國家提供暫時性財務援助，實際紓困可用資金為 5,000 億歐元（劉雨芬，2013）。

　　新冠疫情期間，為了因應疫情帶來的影響，ECB 將三大政策利率——邊際貸款利率、主要再融資利率及隔夜存款利率，各維持在 0.25%、0% 及 −0.5%（隔夜存款利率為負值，意謂銀行存放資金於 ECB 不僅無法獲得利息，反而必須支付給 ECB 利息），以增加市場流動性。

　　歐盟於 2020 年增加 31 億歐元預算，用以應對新冠疫情。歐洲執行委員會為了協助會員國的經濟復甦，也在 2020 年 5 月提出新冠肺炎疫情復甦計畫，計畫總額為 7,500 億歐元，其中包括給予會員國無償撥款（grant）3,125 億歐元（無須償還）、借給會員國的低利率貸款 3,600 億歐元，剩餘資金則用在其他歐盟計畫預算中。歐洲中央銀行（ECB）於 2020 年 3 月提出疫情大流行緊急購買計畫（pandemic emergency purchase programme，PEPP），總金額為 7,500 億歐元，ECB 不分產業類別從市場購買公債或私人債券，為企業及市場提供流動性，並於同年 6 月 4 日將此計畫期限延長至 2021 年 6 月，同時將規模再增加 6,000 億歐元，總額達 1 兆 3,500 億歐元（洪德欽，2021）。

　　上述緊急措施有助於歐盟會員國渡過疫情造成的經濟及財政緊縮困難，緩解歐元區企業及家庭流動性不足的困境，並對協助歐元區會員國經濟復甦、維護社會與金融穩定、改善市場流動性及避免中小企業破產等方面也有很大的幫助。

五、英國面對流動性危機的應對措施

　　英國金融監理體系是由財政部負責制定法令，中央銀行（英格蘭銀行）執行貨幣政策與金融穩定，金融體系面臨重大風險時，由財政部與英格蘭銀行共同執行危機處理相關任務。次貸金融危機時期，英國央行主要採取的政策如下：

（一）降息

　　2008 年 9 月，美國雷曼兄弟申請破產，全球金融市場恐慌不安，英國主要金融機構財務狀況惡化，外界對銀行信心日益減弱，英國央行爲增加市場的流動性，自 2008 年 10 月起逐月調降基準利率，於 2009 年 3 月基準利率大幅降至歷史低點 0.5%，總計調降 6 次，下降 18 碼（4.5%）。

（二）擴大 3 個月期附買回操作

英國央行於 2007 年 9 月起，提高 3 個月期附買回交易操作額度，且合格擔保品範圍除了原先高品質主權債務證券外，另增加 AAA 等級的住宅抵押貸款證券（residential mortgage-backed securities，RMBS）與擔保債券（covered bonds），爲市場額外注入流動性。

（三）特殊流動性機制（special liquidity scheme）

英國央行於 2008 年 4 月開始採行特殊流動性機制，其操作方式是允許銀行以 2007 年底已出現在資產負債表上，流動性暫時變差的房貸抵押擔保債券（MBS）等有價證券，向英國央行換取高品質的國庫券，再用國庫券從市場上換取流動性資金。

（四）資產購買機制（asset purchase facility，APF）

英國央行爲維持金融體系穩定，並強化銀行放款的信心與能力，執行資產購買機制（APF），於 2009 年 3 月宣布資產購買機制額度爲 750 億英鎊，並於同年 5 月、8 月及 11 月，分別上調至 1,250 億英鎊、1,750 億英鎊及 2,000 億英鎊。透過增加資產購買規模，對市場注入額外流動性，解決銀行融資問題，增加銀行放款能力，提振經濟。

新冠疫情期間，2020 年 3 月，英國央行將基準利率由 0.75% 降低至 0.1%，爲歷史上的最低點；並將債券購買規模增加 2,000 億英鎊至 6,450 億英鎊，爲市場增加流動性。

六、新加坡面對流動性危機的應對措施

爲了應對次貸金融危機，新加坡政府從 2008 年底就採取了一系列措施。首先，通過一系列的財政刺激方案來挽救經濟。2008 年 11 月，新加

坡政府宣布一項 23 億新幣的財政刺激計畫。其次，提供企業更多的信用貸款，主要內容包括增加貸款、提高貸款違約時政府承擔風險的比例，並將企業融資計畫的涵蓋範圍擴大至所有本地公司。2008 年 12 月，新加坡採取更進一步的援助措施，宣布將從 2009 年 1 月 1 日起，企業主要貸款利率降低 5 碼（1.25%）（期限小於 4 年的貸款利率調低至 5%，期限大於 4 年的貸款利率則調低至 5.5%）。2009 年 1 月底，新加坡推出總值 205 億新幣的刺激經濟方案，幫助企業得到足夠的流動性渡過難關，並保護民眾的就業機會（張青、郭繼光，2010）。

受到全球流動性緊縮的影響，許多新加坡本地企業無法從銀行申請到貸款，面臨破產的危機。因此，在經濟刺激方案中，政府提供 59 億新幣來分擔風險和鼓勵銀行業發放貸款，並將 2008 年 11 月開始實施的過渡性貸款計畫（bridging loan programme）力度進一步加大，貸款上限從 50 萬新幣擴大到 500 萬新幣。此外，政府還首次分擔貿易融資的風險，中大型出口商貿易融資的 75% 可以得到政府擔保。與此同時，為了增強企業的流動性資金週轉與競爭力，新加坡政府在經濟刺激計畫中投入 26 億新幣用來給予企業各種補貼和稅務優惠，例如，降低企業所得稅，從原本的 18% 降低 1 個百分點至 17% 等（張青、郭繼光，2010）。

七、臺灣面對流動性危機的應對措施

臺灣主要是以降低利率來應對流動性危機，從 2008 年 9 月到 2009 年 3 月期間，中央銀行共 7 度降低貼放利率（表 4-2）。此外，央行也調整存款準備率，從 2008 年 9 月開始，活期性及定期性存款準備率分別下降 1.25% 及 0.75%，共計約釋放 2,000 億元新臺幣至市場，[20] 提高銀行放款的能力。最後，採取擴大附買回操作機制，以提供金融機構充足的流動性。央行參考國外應對市場流動性緊縮所採取的方法，在 2008 年 9 月提出擴大附買回操作

---

20 參閱中央銀行，《九十七年中央銀行年報》，https://www.cbc.gov.tw/tw/public/Attachment/961115493271.pdf。

機制，主要內容如下：

1. 操作主體增加爲市場上全部的證券和保險公司；

2. 操作期間由原 30 天以內，延長爲 180 天以內；

3. 增加央行定存單（CD）爲合格操作標的範圍；及

4. 除了由央行公告操作外，也可以由金融機構向央行申請核准操作。

此外，臺灣在次貸金融危機後也開始實施缺口比率制度、流動性覆蓋比率（LCR）與淨穩定資金比率（NSFR）等（詳細見第五章第二節），預防流動性危機的發生。

表 4-2　臺灣重貼現率的調整

時間（年／月／日）	調整幅度（%）	調降後重貼現率（%）
2008/09/26	0.125	3.50
2008/10/09	0.250	3.25
2008/10/30	0.250	3.00
2008/11/09	0.250	2.75
2008/12/11	0.750	2.00
2009/01/07	0.500	1.50
2009/02/18	0.250	1.25

資料來源：中央銀行，《九十七年中央銀行年報》，https://www.cbc.gov.tw/tw/public/Attachment/961115493271.pdf。

第四節　結語

2008 年的次貸金融危機對全球的經濟與金融產生巨大的衝擊，各國在事後意識到流動性風險的重要性，巴塞爾銀行監理委員會也爲此提出了新規範──Basel III。儘管如此，相關的規定及標準還是不夠嚴謹，2023 年仍爆發出一系列的銀行倒閉事件。因爲不同國家規定受到 Basel III 規範的銀行範圍可能不同，巴塞爾資本協定原意只適用於國際活躍銀行，而在美國的規範中矽谷銀行並不屬於國際活躍銀行。此外，流動性覆蓋比率（LCR）、淨穩定資金比率（NSFR）等指標是否可以有效使銀行能夠因應短期的流動性壓力還有待商榷。因此，巴塞爾銀行監理委員會以及各國監理機關必須針對這些問題進行修正，才能減少銀行倒閉與金融危機的發生。

　　不同國家在應對流動性風險導致的金融危機時，所採取政策各有所異，這些政策的制定和實施，不僅影響著各國經濟的穩定和發展，也反映了各國政府對於流動性風險的認知和應對能力。透過了解各國的應對政策，在未來面對類似的情況時，吾人可以吸取不同國家的經驗教訓，以更有效地因應流動性風險，維護金融穩定和經濟安全。

第五章

流動性風險的衡量
與監督管理

　　流動性風險是指銀行等金融機構無法在到期日前償還應付債務的一種金融風險，雖然概念不難理解，但要如何衡量及規範並不容易。本章將對流動性風險的衡量及各國對流動性風險的監理規範作一介紹。

第一節　流動性風險的衡量

　　若想要有效的控管流動性風險首先就必須要先制定公正的標準，使金融機構能對這個較為抽象的風險有衡量依據。流動性風險的衡量包括評估事件發生的可能性，以及造成損失的大小。首先，通過分析風險事件發生的概率，以及一旦發生時對銀行的負面影響程度來評估風險。其次，將這種影響與事先設定的門檻標準進行比較，以確定後續風險管理措施的優先順序和應對策略。對於市場流動性風險大小，可用下列三種指標衡量（李靜惠、魏錫賓，2012）：

（一）買賣價差（bid-ask spread）

　　指交易者在短期買、賣某項資產所產生的差價。買賣價差越大，表示市場流動性越差。

（二）市場深度（market depth）

　　指市場在某段時間內可承載的交易量，而市場深度的深與淺能反映出該市場的流動性，或是對交易需求／買賣訂單的吸收能力。市場深度越深，市場流動性風險越小。

（三）價格反彈速度（resiliency）

　　指資產價格下降後，再回升至原有水準所花費的時間。耗時越短，表示該市場的流動性越好。

　　上述主要是衡量市場單一資產的流動性風險，若要衡量大型金融機構的流動性風險，則需要以下列的指標來判斷。

（一）存放比率

即銀行放款餘額對存款餘額的比率，比率越高表示放款越多，存款可能無法因應放款，所以銀行的流動性較低，亦即流動性風險較高。

（二）流動性比率

為流動性資產對流動性負債的比率，流動性資產為 1 年內可以立即變現的資產，包括現金、銀行存款、存貨、應收帳款、交易性金融資產等；流動性負債為 1 年內需償還的負債，包括短期借款、應付帳款及票據。流動性比率越高，表示企業的短期償債能力越好，銀行的流動性也就越好。中國的流動性比率衡量的是銀行短期（1 個月）內流動性資產和流動性負債的情況，要求銀行至少持有相當於流動性負債一定比例的流動性資產，以應對可能的流動性需求。

（三）證券比率

指以有價證券擔保質借負債對銀行持有之有價證券金額的比率。此比率越高，表示銀行可變現的有價證券金額越少，流動性風險越高。

（四）存貸變動率

為放款的變動率減去存款的變動率，是反映存、放款相對變化的指標。如果放款餘額成長率超過存款餘額成長率，則該指標值為正，表示流動性下降，流動性風險上升；反之，若該指標值為負，表示流動性上升，流動性風險下降。

（五）流動性缺口率

為中國所使用的指標，計算如下：

$$流動性缺口率 = \frac{流動性缺口 + 未使用不可撤銷承諾}{到期流動性資產} \times 100\%。$$

上式中，流動性缺口指的是 90 天內到期的資產負債表表內外資產，減去 90 天內到期的資產負債表表內外負債的差額。當缺口為正值，表示銀行在期限內的資產足以償還債務，無流動性風險；當缺口爲負值時，表示銀行在期限內的資產不足以償還債務，需要以其他方式籌措資金，存在流動性風險；未使用不可撤銷承諾是指金融機構承諾向借款人提供的信貸額度，但借款方尚未使用的部分，這種承諾無法撤銷，意謂銀行在承諾期限內必須在借款方需要時提供資金；到期流動性資產是指在短期即將到期且能迅速變現爲現金的資產，例如，短期政府債券。

　　事實上，有各種不同的方法、指標可用以衡量金融機構的流動性風險。爲了國際間有統一、可比較的流動性衡量指標，巴塞爾銀行監理委員會在 2010 年發布 Basel III，提出流動性覆蓋比率（LCR）及淨穩定資金比率（NSFR）兩項流動性風險衡量的指標（詳見第二章第三節），自此全球有了衡量流動性風險的統一標準，希望銀行能夠遵守這些指標，以預防流動性危機的發生。

第二節　流動性風險的監督管理

　　由於各國的經濟狀況不同，加上 Basel III 並非強制性的規範，各國的金融監理模式也各有所異，流動性風險的規範也就無法對各國產生一致的效果。本節將介紹美國、澳洲、中國、歐盟、英國及臺灣的流動性風險監理，探討各國實施流動性覆蓋比率（LCR）和淨穩定資金比率（NSFR）的進度，以及因爲經濟狀況有所差異衍生出的各種不同流動性監理模式。

一、美國的流動性風險監理

　　美國的金融機構統一評等制度（Uniform Financial Institutions Rating System，UFIRS）——即所謂的 CAMEL 評等制度，包括 5 個評估項目，細項如下：

（一）資本適足性（capital adequacy）
　　主要評估因子包括金融機構資本的水準與品質，及其總體財務狀況；管理部門應付急用增資需求的能力；及盈餘的數量與發放股利的合理性等。

（二）資產品質（asset quality）

主要評估因子包括放款與投資組合的風險分散與品質；證券承銷業務範圍和交易業務對手的風險等。

（三）管理水準（management）

主要評估因子包括董事會及管理部門對金融機構業務監督與支持的程度和品質；董事會及管理部門受制於權力集中或重大影響力的程度等。

（四）盈利狀況（earnings）

主要評估因子包括經由保留盈餘提供適量資本的能力；盈餘的品質及來源等。

（五）流動性（liquidity）

主要評估因子包括進入貨幣市場及其他籌資來源的途徑；資金來源分散程度等。

1997年起，CAMEL修正為CAMELS，增加市場風險敏感性（sensitivity to market risk）項目，主要評估因子包括金融機構的盈餘或其資本的價值對利率、匯率、商品價格，或股票價格變動的敏感性。除了CAMELS評等制度外，美國的監理機關另有要求金融機構定期填報〈統一銀行績效報告〉（Uniform Bank Performance Report，UBPR），以評估金融機構的流動性風險。

UBPR是由美國聯邦金融機構檢查委員會（Federal Financial Institutions Examination Council，FFIEC）設計，是金融監理機關檢視申報機構流動性的主要工具。所有存款機構都必須按季申報，申報內容包括資本適足性、盈利能力、資產品質及流動性等，所有申報機構根據資產規模、營業單位、地理位置，以及是否位於大都會區等因素分成25個組群，並揭示申報機構各項指標在組內的排序，進行同儕比較，以評估申報機構的流動性相對於同類型存款機構的情況（李佳津，2016）。

2008 年的次貸金融危機暴露美國的金融監理體系存在漏洞，爲了重塑金融秩序並加強對消費者的保護，美國在 2010 年 7 月頒布《陶德─法蘭克華爾街改革與消費者保護法》（Dodd-Frank Wall Street Reform and Consumer Protection Act，DFA），這項改革的重點是擴大聯準會的監理權限，並成立跨部門的金融穩定監理委員會（Financial Stability Board，FSB），同時加強對大型金融機構的監理等，彌補原有金融監理制度的不足。

2014 年 3 月，聯準會發布《強化對銀行控股公司與外國銀行組織審愼標準最終規範》（Enhanced Prudential Standards for Bank Holding Companies and Foreign Banking Organizations Final Rules），這份文件明確規範大型金融機構必須遵守的強化審愼監理標準，包括風險基準與槓桿資本（risk-based and leverage capital）、流動性規定以及風險管理要求等內容。例如，每月執行壓力測試，並向 Fed 提交測試報告，規定銀行必須制定緊急籌資計畫與成立風險管理委員會等。

在 Basel III 的兩項流動性風險管理指標── 流動性覆蓋比率（LCR）及淨穩定資金比率（NSFR）上，巴塞爾銀行監理委員會給予各國實施緩衝期限。美國從 2015 年開始實施 LCR，將銀行依資產總額分成三級，第 1 級爲資產總額大於 2,500 億美元的銀行，適用標準 LCR，比率須於 2017 年超過 100%；第 2 級爲資產總額在 500 億至 2,500 億美元的銀行，適用調整後 LCR（分母項的現金流出、流入適用係數爲標準 LCR 的 70%──即表 3-5 的適用係數乘以 70%），須於 2017 年超過 100%；第 3 級爲資產總額小於 500 億美元的銀行，不須適用 LCR。2019 年 12 月 31 日後，美國實施新的銀行資產規模分級制度，將銀行依資產總額分爲 5 級，第 1 級爲全球系統性重要銀行，適用標準 LCR；第 2 級爲資產總額大於 7,000 億美元的銀行，也適用標準 LCR；第 3 級爲資產總額大於 2,500 億美元的銀行，適用標準分爲以下兩種（陳怡娟，2021）：

1. 適用標準 LCR。平均加權短期批發資金（average weighted short-term

wholesale funding，wSTWF）大於或等於 750 億美元的銀行；[1] 及

2. 適用調整後 LCR（分母項的現金流出、流入適用係數為標準 LCR 的 85%——即表 3-5 的適用係數乘以 85%）。平均加權短期批發資金（wSTWF）小於 750 億美元的銀行。

第 4 級為資產總額在 1,000 億至 2,500 億美元的銀行，適用標準也分為以下兩種：

1. 適用調整後 LCR（分母項的現金流出、流入適用係數為標準 LCR 的 70%——即表 3-5 的適用係數乘以 70%）。平均加權短期批發資金（wSTWF）大於或等於 500 億美元的銀行；及

2. 不需適用 LCR。平均加權短期批發資金（wSTWF）小於 500 億美元的銀行。

第 5 級為資產總額小於 1,000 億美元的銀行，不需適用 LCR。

淨穩定資金比率（NSFR）則於 2021 年 7 月 1 日開始實施，適用標準與 LCR 相同。

二、澳洲的流動性風險監理

澳洲金融監理署（Australian Prudential Regulation Authority，APRA）為了提升可接受存款金融機構（authorised deposit-taking institution，ADI）應對流動性風險的能力，根據金融機構的規模和業務特性，對於大型且複雜的銀行，APRA 實施 LCR 和 NSFR，而對於中小型且業務較簡單的銀行，則實施最低流動性持有（minimum liquidity holdings，MLH）規定。

（一）流動性覆蓋比率（LCR）

澳洲自 2015 年實施 LCR，適用對象為 15 家國際業務活躍銀行，LCR 最低法定比率分別為 100%（本國銀行）及 40%（外國銀行）。澳洲銀行業

1　平均加權短期批發資金是指金融機構從其他金融機構、大型企業等來源獲得的短期資金，並按不同資金來源的權重計算得出的平均值。這些資金通常來自銀行間借款、商業票據、短期債券等，期限一般在 1 年以內。

LCR 計算範圍分為以下兩種（林曉伶，2019）：

1. 全行以澳幣加計外幣的 LCR。

2. 全行以澳幣（不包含外幣資產）單獨計算的 LCR（外商銀行分行不適用）。

相較於巴塞爾銀行監理委員會的 LCR 政策，澳洲的 LCR 要求更加嚴格，不僅採用階段式提高的法定比率，而且以本國貨幣加計外幣進行計算。然而，澳洲的高品質流動性資產（HQLA）項目有限，且多為外國投資者所持有，為了支持 LCR 的實施，APRA 和澳洲央行採取流動性承諾機制（committed liquidity facility，CLF），即允許銀行從澳洲央行獲取 CLF 額度，並將其納入 HQLA 中。[2]

整體而言，澳洲金融監理署（APRA）實施流動性覆蓋比率（LCR）後，澳洲銀行業的流動性資產持續增加，並減少短期批發性資金來源，增加吸收長天期的定期存款，這種調整銀行資產負債結構的作法導致銀行的資金成本上升，進而推升放款利率。雖然隨後澳洲銀行業的放款年增率放緩，但這主要是因澳洲房地產市場增長趨緩，相應的資金需求也減緩所致。因此，LCR 的實施並沒有對實際的經濟活動產生不利的影響（林曉伶，2019）。

APRA 引入 CLF 來應對國內 HQLA 的不足，雖然這項措施有助於澳洲銀行業符合 LCR 的要求，但是在面臨壓力時，銀行需要高度仰賴央行提供流動性，這與 LCR 旨在加強銀行在壓力情況下能夠自行在金融市場取得流動性的目標有所不符，APRA 對澳洲銀行業流動性資產的整體監理成效仍有待持續觀察。

（二）淨穩定資金比率（NSFR）

澳洲自 2018 年實施 NSFR，實施標準與 LCR 相同，法定最低比率為100%。澳洲 NSFR 中的可用穩定資金與應有穩定資金項目大多與 Basel III 規定的相同，其中主要差異在於銀行的房貸資產部分。根據 Basel III 的規

2　若銀行持有的 HQLA 不足，可以用澳洲政府債券、澳洲政府保證的有價證券作為擔保品，向 APRA 申請 CLF 額度，充當 HQLA。

定，銀行房貸屬於長期資產，應有較高穩定資金支持，然而爲了應對 CLF 合格擔保品不足的問題，澳洲央行同意銀行可以將自有房貸包裝設計成自有房貸擔保抵押證券，作爲 CLF 的合格擔保品。對於這些自有房貸擔保抵押證券，其所適用的應有穩定資金係數爲 10%，這部分應有穩定資金的總額，不得超過自澳洲央行所取得的 CLF 額度，超過部分的自有房貸擔保抵押證券則需要適用 50% 的應有穩定資金係數（林曉伶，2019）。

　　根據巴塞爾銀行監理委員會的規定，房貸業務應有穩定資金係數爲 65%（BCBS，2013）。澳洲銀行將其轉換爲自有房貸擔保抵押證券後所適用的應有穩定資金係數爲 10%（超過 CLF 額度則適用 50%），顯然低於 BCBS 的規定。雖然 APRA 已就銀行適用較低應有穩定資金係數的自有房貸擔保證券採取了限額規定，但在此項規定下，澳洲銀行業房貸的實際應有穩定資金仍然偏低而有待加強。

（三）最低流動性持有（MLH）

　　1998 年起，澳洲金融監理署（APRA）實施最低流動性持有（MLH）規定，適用對象爲規模較小且業務較爲單純的銀行，法定最低流動性持有比率爲 9%，即

$$最低流動性持有比率 = \frac{流動性資產}{資產負債表內總負債 + 不可撤銷承諾} \times 100\% \geq 9\%。$$

　　APRA 規定除了現金和存放在其他銀行的存款外，流動性資產中的其他項目都必須是澳洲央行貨幣政策操作的合格擔保品。在負債方面，除了資產負債表內的負債外，存款機構還必須列計資產負債表外的不可撤銷承諾項目。

　　在 MLH 規定下，APRA 爲維持流動性風險監理的穩健原則，參照 Basel III 的 LCR 規定，將資產負債表表外的不可撤銷承諾納入應計提流動性持有的項目中，也就是說中小型銀行仍需要持有足夠的流動性資產，以因應資產負債表表內外之負債項目的流動性需求。此外，APRA 規定存款機構必須根據其內部流動性風險管理架構，制定高於 MLH 的法定比率（9%），澳洲銀

行業的 MLH 比率大部分時間維持在 15% 以上（圖 5-1），這將有助於健全
中小型存款機構的流動性風險管理。

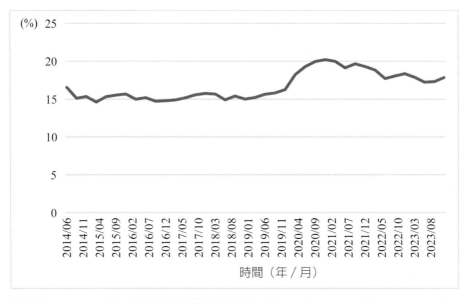

資料來源：APRA，《季度授權存款機構績效統計》（*Quarterly Authorised Deposit-taking Institution Performance Statistics*），2014 年第 2 季至 2023 年第 4 季。

圖 5-1　澳洲銀行業的最低流動性持有（MLH）比率──2014～2023 年

三、中國的流動性風險監理

中國在次貸金融危機爆發前，對於流動性風險的監控主要著重於存放比
率和流動性比率這兩個指標。1995 年發布《商業銀行法》，正式確定存貸
比率和流動性比率為監理指標；[3] 1998 年頒布的《防範和處置金融機構支付
風險暫行辦法》引入了 3 個流動性風險預警指標；2004 年和 2005 年分別發
布的《股份制商業銀行風險評級體系（暫行）》和《商業銀行風險監管核心
指標（試行）》，新增了流動性缺口率這個新指標。

3　流動性比率指標的監理要求為應大於等於 25%，適用範圍是全部商業銀行。

次貸金融危機過後，爲了加強銀行業的流動性風險監理，中國銀行業監督管理委員會（China Banking Regulatory Commission，CBRC）於 2009 年 9 月提出《商業銀行流動性風險管理指引》，要求銀行除了滿足監理機關對外部流動性的監理要求外，還應建立自身的流動性風險管理體系。2010 年，中國銀行業監督管理委員會（CBRC）發布《中國銀監會關於中國銀行業實施新管標準的指導意見》和《商業銀行流動性風險管理辦法（試行）》徵求意見稿，新增了流動性覆蓋比率（LCR）和淨穩定資金比率（NSFR）兩個核心監理指標，商業銀行應於 2013 年底和 2016 年底分別達到這兩個指標的監理要求。2014 年，CBRC 發布《商業銀行流動性管理辦法（試行）》，將強制性監理指標減少爲三個，包括 LCR、流動性比率及存放比率，去除了 NSFR，並將 LCR 的過渡期延長爲 4 年。2015 年，CRBC 對《商業銀行流動性風險管理辦法（試行）》進行了修訂，刪除了存放比率這一監理指標。

近年來，不同的銀行在業務模式、業務複雜程度，及資產負債結構等方面存在著越來越大的差異，因此也需要更嚴謹的流動性風險監理規範。爲了應對這一挑戰，中國修訂了流動性風險監理規範，並於 2018 年 5 月頒布《商業銀行流動性風險管理辦法》（2018 年 7 月 1 日正式生效）。此辦法引入了流動性匹配率、高品質流動性資產適足率，及淨穩定資金比率等三項量化指標。

流動性匹配率爲加權資金來源對加權資金運用的比率，加權資金來源包括各項存款、同業存款，及發行債券等項目，加權資金運用包括各項放款及投資同業存單等項目。流動性匹配率旨在引導銀行合理配置負債及資產，提高抵禦流動性風險的能力。

高品質流動性資產適足率是指高品質流動性資產對短期現金淨流出的比率。此指標旨在確保金融機構維持足夠的高品質流動性資產，在壓力情境下，金融機構可以通過這些流動性資產來確保未來 30 天內的資金需求。此辦法也根據不同規模的銀行設定了相對的監理標準，以更細化地監理流動性風險。

四、歐盟的流動性風險監理

2009 年，因爲次貸金融危機導致歐洲與全球金融市場產生動盪與不安，部分歐洲國家因此發生債務危機，包括希臘、葡萄牙、愛爾蘭、義大利及西班牙等國，皆產生不同程度的債務問題。爲了應對此困境，歐盟設立銀行聯盟（Banking Union），從 2014 年開始對歐元區約 130 家規模較大的銀行進行監理，內容包括對可能發生危機的銀行提出警告，甚至對其採取緊急注資行動。

歐洲執行委員會（European Commission）也著手於改善銀行監理機制及相關法規，主要包括下列三大層面：

（一）設立單一監理機制（Single Supervisory Mechanism，SSM）

2013 年 10 月，歐元區國家及某些自願加入的歐洲國家，成立單一監理機制（SSM）。SSM 讓歐洲中央銀行（European Central Bank，ECB）能夠實施總體及個體監理，並與會員國的監理機關合作，規範歐洲大型銀行，其監理範圍包含下列三種金融機構：

1. SSM 會員國國內規模最大的三家金融機構。

2. 資產規模超過 300 億歐元、資產規模對該國國內生產毛額（GDP）比率達 20% 以上的銀行，及各國金融監理機關考量對國家經濟有顯著影響而要求列入的金融機構。

3. 經 ECB 列入有跨國子公司及跨國營業活動的金融機構。

（二）設立單一處理機制（Single Resolution Mechanism，SRM）

歐元區國家及自願加入的其他歐洲國家，組成單一處理機制（SRM），並成立單一處理問題銀行委員會（Single Resolution Board，SRB）及單一處理問題銀行基金（Single Resolution Funds，SRF）。SRB 成員包括歐盟執委會、歐盟理事會、歐洲央行及各會員國問題金融機構處理機關，處理對象包括 ECB 負責監理的金融機構、跨國金融集團及各國決定移由 SRB 處理的金融機構。面對金融危機時，各國金融監理機關須參與決策，並聽命於

SRB，負責執行並及早介入處理程序，運用各種處理工具（例如，公共資金挹注資本、暫時國有化等）來渡過危機。

（三）制定單一法規（Single Rulebook）

2011 年 7 月，歐洲執行委員會根據 Basel III 提出第 4 版的資本要求指令（Capital Requirements Directive IV，CRD IV）與資本要求法規（Capital Requirements Regulation，CRR），取代當時實施的資本要求指令第 2 版與第 3 版，CRD IV 於 2013 年 7 月生效，其內容與 Basel III 大致相同。

為了提高經濟效率與達成金融穩定，歐盟認為成員國必須實施相同的法規，各國金融監理機關才能採取一致的措施，建立金融機構的單一市場（single market）。因此，歐盟除了公布第 4 版的 CRD 以外，也首次制定全歐洲的單一法規——資本要求法規（CRR），但為了應對各國銀行業獨有的風險，第 4 版的 CRD 仍然允許各國主管機關擁有部分的自主權，可設定額外的資本比率，內容如下（陳佳妙、楊淑雯，2012）：

1. **調高房地產授信的相關風險權重。** 由於房貸是歐洲銀行業的核心業務，多數房貸到期前都是銀行資產負債表上的項目，但由於各國銀行承作房貸業務的方式不同，因此授權各國監理機關彈性調整房地產授信風險權重的空間。

2. **提高逆循環的資本緩衝水準。** ECB 的政策利率水準是為確保整體歐元區的物價穩定，[4] 並不適合作為防範單一成員國資產泡沫的工具，因此透過提高逆循環的資本緩衝水準，能更有效的防範歐盟成員國發生資產泡沫化的現象。

3. **要求更高的自有資本比率。** 對於風險較高的銀行，監理機關可要求其提高自有資本比率。

4. **可提前實施 CRD IV。** CRD IV 的實施時間表與 Basel III 一致，但成員國若希望儘快實施 CRD IV，可提前實施。

---

4 ECB 的貨幣政策利率主要分為三大利率，分別為主要再融資利率、隔夜借款利率及隔夜存款利率。

　　根據 CRD IV 與 CRR，歐盟採用流動性覆蓋比率（LCR）與淨穩定資金比率（NSFR），LCR 實施時間從 2014 年開始，最低法定比率為 60%，之後每年增加 10%，於 2018 年達成 100%。NSFR 則從 2018 年起實施，最低法定比率為 100%。在 LCR 方面，若金融機構未符合規定，應立即通報主管機關，並提出改進計畫。在未符合規定之前，金融機構須每日於營業時間結束後，呈報主管機關，以掌握金融機構的調整情形，除非該金融機構的情況特殊，主管機關才能放寬無須每日呈報；跨國銀行集團所屬的個別金融機構均須符合 LCR 的規定，惟若跨國銀行集團符合特定條件，且獲得相關成員國的主管機關同意，則所屬的個別金融機構可免除適用 LCR 的規定，僅須計算該銀行集團的 LCR 是否符合規定。2021～2023 年歐盟銀行業平均的 LCR 與 NSFR 如圖 5-2。

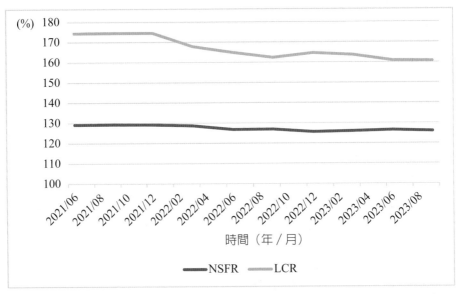

資料來源：歐洲銀行業管理局（EBA），《EBA 關於 LCR 與 NSFR 的實施報告》（*EBA Report on LCR and NSFR Implementation*），https://www.eba.europa.eu/publications-and-media/press-releases/eba-reports-lcr-and-nsfr-implementation-eu-context-new。

圖 5-2　歐盟銀行業平均的 LCR 與 NSFR——2021～2023 年

五、英國的流動性風險監理

次貸金融危機顯示英國銀行業需要對流動性風險有進一步的規範，因此英國審愼監管局（Prudential Regulation Authority，PRA）於 2009 年 10 月公布新的流動性監理規定，並且根據銀行對於金融市場的影響力，提出不同的流動性監理規範。2012 年，PRA 修訂部分流動性監理規定，目的爲降低流動性監理規定對英國經濟成長的影響程度。此外，歐盟自 2015 年起實施流動性覆蓋比率（LCR），2018 年開始實施淨穩定資金比率（NSFR），在當時英國爲歐盟成員國之一，所以也配合規定開始實施。

2009 年起，PRA 制定 3 種不同的流動性監理規範，主要是依據銀行對金融體系的影響程度來決定適用的規定，個別流動性適足性標準（individual liquidity adequacy standards，ILAS）適用於大型且業務廣泛的銀行，簡易型個別流動性適足性標準（simplified ILAS）適用於小型且業務簡單的銀行，全體—個別流動性修正（whole-firm liquidity modification）則適用在英國的外國銀行分行。

（一）個別流動性適足性標準

英國審愼監管局（PRA）規定 10 項流動性風險來源，包括批發型資金風險、零售型資金風險、日內流動性風險、集團內流動性風險、跨幣別流動性風險、資產負債表外風險、特許權可行性風險、可售性資產風險、非可售性資產風險及資金來源集中風險。根據 ILAS，銀行應該按照上述的流動性風險來源進行流動性評估，並進行壓力測試，壓力情境分別爲該銀行特定的流動性壓力、整體市場的流動性壓力，以及綜合這兩種情境的壓力。銀行特定的流動性壓力時爲 2 週，整體市場的流動性壓力時長則爲 3 個月。

PRA 會定期檢視銀行的流動性風險管理架構以及緊急籌資計畫。流動性風險管理架構的內容會依據銀行的流動性評估及壓力測試，以及該銀行的其他監理報表的資訊（包括資本適足率及該機構的前景等）來進行審查。緊急籌資計畫的內容則必須包括：

1. 預估危機發生時可獲得的資金、花費時間，及爲了獲取資金而對銀行產生的不利影響；

　　2. 危機發生時，銀行內部與對外的溝通計畫；及

　　3. 管理緊急事件的政策與程序，例如，決定政策的流程、各部門負責的部分及向主管機關通報的程序等。

　　最後依據上述的流動性風險管理架構以及緊急籌資計畫，訂定銀行的個別流動性指引（individual liquidity guidance，ILG）。ILG 內容包括銀行需要的流動性資產規模及其取得資金的方式，銀行應依照 ILG 控制其流動性資產，若無法達成，應立即通報 PRA，提供書面資料說明為何無法達成個別流動性指引的規範，並執行上述的緊急籌資計畫，以防範流動性危機的發生。

（二）簡易型個別流動性適足性標準

　　簡易型個別流動性適足性標準適用於規模較小且業務簡單的銀行，適用範圍如下：

　　1. 至少有 75% 以上的資金是來自零售型存款的銀行，[5] 且符合以下任一條件：

(1) 總資產小於 2,500 萬英鎊；

(2) 總資產小於 10 億英鎊，且至少 70% 的資產為合格流動性資產與零售型放款；或

(3) 至少 70% 的總資產為零售型放款、存放於其他金融機構的活期存款，及存放於其他金融機構且到期日為 3 個月以內的定期存款等類型資產。

　　2. 80% 的資金來自母行的金融機構，資產規模小於 10 億英鎊。

　　簡易型個別流動性適足性標準的規範為，銀行流動性資產須大於或等於批發型資金淨流出、零售型存款，及信用貸款管道成分（credit pipeline component）加總的 50%，以式子表示如下：

5　零售型存款是指以自然人名義開戶的活期性及定期性存款。

流動性資產≥（批發型資金淨流出＋零售型存款＋信用貸款管道成分）×50%。

　　上式中，流動性資產為高品質政府債券及多邊開發銀行發行的債券；批發型資金淨流出是指金融機構在未來 3 個月內批發型資金淨流出的總額；信用貸款管道成分是指金融機構對消費者提供的房屋抵押貸款及信用卡的總額度中，尚未使用之餘額的 25%。

（三）整個集團或機構的流動性修正

　　若 PRA 評估後認為外國銀行分行的母國流動性監理制度與 PRA 的流動性監理具有監理對等性（supervisory equivalence），外國銀行分行則可申請適用修正型集團流動性規定，內容為外國銀行在倫敦分行的流動性風險管理可適用其母國的流動性監理制度，不需遵守 ILAS。此外，PRA 會與外國銀行分行的母國金融監理機關進行定期溝通及資訊分享。外國銀行分行若採用修正型集團流動性規定，必須申報流動性報表，PRA 會依據銀行的營業性質決定申報頻率，批發型業務銀行必須每年申報一次，零售型業務銀行則每半年或每季一次（林曉伶，2015）。

（四）流動性覆蓋比率（LCR）與淨穩定資金比率（NSFR）

　　由於英國對於流動性監理的規範比 Basel III 還要嚴謹，例如，LCR 的目的為確保銀行可以因應 30 天內壓力情境下的淨現金流出，個別流動性適足性標準（ILAS）規定的市場整體流動性壓力測試期間則為 3 個月，可以看出比 LCR 的 30 天還要更為嚴格，因此英國銀行在實施流動性覆蓋比率（LCR）與淨穩定資金比率（NSFR）時較無困難。英國全體銀行從 2015 年起實施 LCR，比率須大於 60%，2016 年須大於 70%，2017 年須大於 80%，2018 年須大於 100%。NSFR 則於 2022 年起開始實施，比率須大於 100%。

六、新加坡的流動性風險監理

　　新加坡金融管理局（Monetary Authority of Singapore，MAS）依據金融機構的風險與業務情況，評估其風險管理情形，並依據金融機構風險大小及影響程度，分配有限的監理資源。MAS 於 2007 年對金融機構的風險評估（risk assessment）採用廣泛風險評量架構與技術（comprehensive risk assessment framework and techniques，CRAFT）。CRAFT 主要根據金融機構淨風險、資本及母行支援程度等進行評估，金融機構淨風險可分為固有風險（例如，市場風險、流動性風險等）、控制因素（例如，風險控管系統、營運管理等），及公司監控與治理（例如，董事會、高階管理階層，及母行對重大業務監督的品質等）。最後根據上述項目計算出整體風險評等（overall risk rating，ORR）。依評等將金融機構分為高（high）、中高（medium-high）、中低（medium-low）及低（low）等四種風險等級，反應銀行風險管理的優劣程度（邱佩宇，2019）。

MAS 於上述的 CRAFT 評量中進行流動性風險評估，並於場內監理（例如，實地檢查等）、場外監理（例如，監理報告、核發執照等）、全產業壓力測試，及流動性相關規定等進行流動性風險監理。有關流動性監理相關規定如下（邱佩宇，2019）：

（一）流動性覆蓋比率（LCR）

1. 與 Basel III 流動性覆蓋比率規定大致相同。

2. 在新加坡註冊或總部設在新加坡的銀行，新加坡幣資產的流動性覆蓋比率在 2015 年初達到 100%；所有幣別資產加總的流動性覆蓋比率在 2015 年初達到 60%，之後每年上升 10%，於 2019 年達到 100%。對於監理機關認定的新加坡系統性重要銀行或選擇實施 LCR 框架的新加坡銀行，於 2016 年初，新幣資產流動性覆蓋比率應達到 100%，所有幣別資產加總的流動性覆蓋比率應達到 50%（夏婧，2018）。

（二）最低流動性資產（minimum liquidity asset，MLA）

1. 非系統性重要銀行可於 LCR 或 MLA 規定擇一適用。

2. 在所有幣別資產加總和新幣資產加總（不包含外幣資產）兩種類別中，銀行必須每日分別持有大於或等於合格負債 16% 的流動性資產。

3. 合格的流動性資產主要包括硬幣、票券、新加坡政府證券、新加坡金融管理局票券（MAS bills），及其他具流動性的債券或票券等。

4. 第一類資本對流動性資產比率至少為 50%。

（三）淨穩定資金比率（NSFR）

1. 與 Basel III 淨穩定資金比率（NSFR）規定大致相同。

2. 適用於新加坡註冊的本國銀行或系統性重要外國銀行。

3. 於新加坡註冊之本國銀行的 NSFR 不得低於 100%，系統性重要外國銀行的 NSFR 不得低於 50%。

（四）報表要求

銀行必須呈交的報表包括按幣別列示的資產負債餘額，前 20 大個人、公司及同業的存款，以及可使用的流動性資產等。

七、臺灣的流動性風險監理

臺灣目前有四項流動性比率監理規定，包括流動性準備比率、未來 0～30 天期限缺口比率、流動性覆蓋比率（LCR）及淨穩定資金比率（NSFR）。這些規定主要是針對銀行流動性風險的存量與流量風險加強監理，確保銀行能夠有效應對流動性風險，維持金融體系的穩定。

（一）流動性準備比率

自 1977 年 7 月起，臺灣就實施了流動性準備比率制度，要求金融機構持有足夠的流動性資產，以因應可能發生的流動性風險，受規範的機構包括本國銀行、外國銀行在臺分行、信用合作社及農漁會信用部。金融機構需要每日計提、每月申報流動性準備。流動性準備比率的計算如下：

$$流動性準備比率 = \frac{流動性準備資產}{應提流動性準備負債}。$$

上式中，應提流動性準備負債項目主要為新臺幣存款、支票存款、定期存款等；流動性準備資產項目主要包括公債、公司債及國庫券等。目前法定的最低流動性準備比率為10%，[6] 從2018年起，臺灣銀行業的平均流動性準備比率均超過法定的標準許多（圖5-3），顯示臺灣的銀行持有充足的流動性資產，流動性風險低。

資料來源：中央銀行，〈全體金融機構流動準備狀況〉，https://www.cbc.gov.tw/tw/cp-302-146361-e27d0-1.html。

圖5-3　臺灣銀行業的平均流動性準備比率——2018～2024年1月

（二）未來0～30天期距缺口比率

自2008年7月起，臺灣實施期距缺口比率制度，[7] 要求金融機構密切關注未來30天內的資金缺口比率，以有效控制短期的流動性風險，受規範的機構包括本國銀行、外國銀行在臺分行、信用合作社及農漁會信用部。金融機構需要按月監控月底時未來0～30天的資金流量期距缺口，並計算其對新

6　2011年10月起，法定最低流動性準備比率從原本的7%上升至10%。
7　期距缺口比率是指未來30天內資金流量期距缺口對新臺幣資產總額的比率。

臺幣資產總額的比率（陳怡娟，2021）。未來 0～30 天期距缺口比率計算如下：

$$未來\ 0～30\ 天期距缺口比率 = \frac{未來\ 0～30\ 天期距缺口}{新臺幣總資產}。$$

　　上式中，未來 0～30 天期距缺口是指近期 0～30 天到期的資金缺口。臺灣各金融機構適用的期距缺口最低比率如下：一般銀行、全國農業金庫及信用合作社為 –5%（負值表示資金流入小於流出，出現資金缺口），中國輸出入銀行為 –15%。從 2019 年起，所有臺灣的銀行的實際期距缺口比率皆為正值，平均約為 10% 左右（圖 5-4），顯示臺灣的金融機構有效控管資金，沒有出現資金缺口，擁有充足的短期流動性（陳怡娟，2021）。

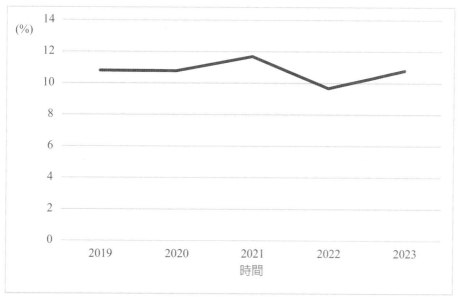

資料來源：中央銀行，《中央銀行業務報告》，https://www.cbc.gov.tw/tw/sp-search-1.html?Query=%E6%A5%AD%E5%8B%99%E5%A0%B1%E5%91%8A&gstoken=5341572245。

圖 5-4　臺灣銀行業未來 0～30 天期距缺口比率——2019～2023 年

（三）流動性覆蓋比率（LCR）與淨穩定資金比率（NSFR）

　　為了加強銀行的流動性風險管理，臺灣分別於 2015 年和 2018 年實施 Basel III 的流動性覆蓋比率（LCR）和淨穩定資金比率（NSFR），這兩項監理指標由金管會和中央銀行共同監理，適用對象是臺灣的銀行，銀行需按月申報 LCR，按季申報 NSFR。自實施以來，所有臺灣銀行業的實際 LCR 和 NSFR 平均均高於 100%（圖 5-5）。臺灣的銀行持有的 HQLA 主要為中央銀行存單和公債，這些資產可用以應對金融市場的短期波動情況，而可用穩定資金的主要來源包括零售存款和 1 年以上的資本工具，這些資金則可用以應對金融市場較長期的波動情況。

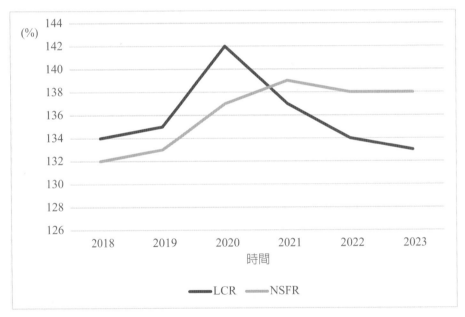

資料來源：中央銀行，《金融穩定報告》，https://www.cbc.gov.tw/tw/cp-899-31778-E2861-1. html。

圖 5-5　臺灣銀行業平均的 LCR 與 NSFR——2018～2022 年

第三節　結語

　　全球金融體系在流動性風險監理上存在許多挑戰，例如，不同經濟體間的監理標準和實施效果的差異。在各國的流動性風險監理模式方面，美國、新加坡、歐盟等國家各有特色，美國的金融機構被分成多個等級，不同等級的機構需要遵守不同的 LCR 標準；新加坡則依據金融機構的風險和業務情況來評估和監理流動性風險；英國的監理標準則針對不同規模的金融機構制定不同的標準；歐盟執委會提出的單一法規以及 2011 年提出的第 4 版資本要求指令（CRD IV）和資本要求法規（CRR），旨在提高經濟效率和金融穩定，確保成員國能夠採取一致的監理措施。

　　儘管各國的監理標準與實施策略存在差異，但共同的目標都是確保金融體系的穩定，防止流動性危機的發生。本章介紹流動性風險的衡量和各國流動性風險監理的策略，尤其是在 Basel III 框架下，國際間如何實施 LCR 及 NSFR，透過比較美國、澳洲、中國、新加坡及臺灣的監理措施，我們可以看到各國在適應國際規範的同時，也根據各國的經濟和金融環境作出調整，這反映了全球金融監理努力尋求平衡。未來隨著全球經濟與金融市場的持續變化，流動性風險的衡量與管理需要不斷的調整與創新，才能應對新的問題與挑戰。

第六章
流動性風險管理

　　流動性風險管理是爲了確保銀行有充足的可用流動性可以面對各種流動性危機，滿足其所有的流動性需求。可用流動性主要是由現金與其他於流動性危機發生時，可快速變現的資產所組成，而流動性需求是指償還到期的債務、支應存款流失，或履行放款承諾等資金需求。本章將探討銀行業如何管理流動性風險，以預防流動性危機的發生。

第一節　巴塞爾流動性管理評估原則

　　巴塞爾銀行監理委員會（BCBS）在 2002 年 2 月提出銀行流動性管理的八大類 14 條評估原則，內容如下（曾令寧、黃仁德，2003）：

（一）建立流動性管理架構

　　原則 1：每一銀行應有一致的日常流動性管理策略，此等策略應傳播告知整個金融機構。

　　原則 2：銀行董事會應批准流動性管理的相關策略和重大政策，並確保高階管理人員採取必要措施。董事會也應定期確認銀行的流動性狀況，且若銀行潛在流動性部位有重大變動，應立即被告知。

　　原則 3：每一銀行應有一管理架構以有效執行流動性管理策略，此等架構應包括高階管理人員持續性參與。高階管理人員必須確保流動性受到有效管理，且已制訂妥善的政策，控制及限制流動性風險。銀行應設定並定期覆審某段期間流動性部位大小的限額。

　　原則 4：銀行必須有適當資訊系統以辨識、衡量、監控、控制及報告流動性風險。報告應及時提供給銀行董事會、高階管理人員等人。

（二）衡量及監控資金需求

　　原則 5：每一銀行應建立資金需求的衡量及監控的過程。

　　原則 6：銀行應利用多種可能的情境，以分析流動性。

　　原則 7：銀行應經常覆審流動性管理所用的假設，以決定該假設的持續有效性。

（三）管理市場管道

原則 8：每一銀行應定期覆審其與負債持有人（例如，存款客戶）的關係、維持負債分散，及確保資產出售能力等目標。

（四）緊急應變計畫

原則 9：銀行應設置緊急應變計畫，載明流動性危機處理策略，以及緊急狀況下補足現金流量差額的程序。

（五）外幣流動性管理

原則 10：每一銀行應對主要交易通貨流動性部位具有衡量、監控及控制的系統。除評估整體外幣流動性需求及可接受的到期日差距外，銀行也應從事個別通貨的策略分析。

原則 11：除了原則 10 的個別通貨策略分析外，銀行應設定並定期覆審某特定期間內，各主要幣別及所有通貨的現金流量、到期日差距及部位大小的限額。

（六）流動性風險管理的內部控制

原則 12：每一銀行必須具有流動性風險管理過程的適當內部控制制度，以定期檢視與評估風險管理的有效性。

（七）公開揭露在改善流動性中的角色

原則 13：每一銀行應具有一機制以確保銀行相關資訊的適度揭露水準，使社會大眾建立對其具有健全經營的印象。

（八）金融主管機關的角色

原則 14：監理機關應對銀行有關流動性管理的策略、政策、程序及實務進行獨立的評估。監理機關應要求銀行擁有一有效系統，以辨識、衡量、監控及控制流動性風險。監理機關應從每一銀行獲取足夠且及時的資訊，以評估銀行的流動性風險，並應確保銀行具有適當的流動性緊急應變計畫。

第二節　流動性風險管理要素　⑤

　　銀行流動性風險管理因公司規模、管理結構（集中管理或分散管理）、資金情況及資產組合等因素而有所差異。良好的流動性風險管理應具備下列要素：

（一）制定風險容忍度

　　董事會應依據銀行的經營目標、策略方向，及整體的風險胃納（risk appetite），[1] 制定對流動性風險的容忍度，明確表示其願意承擔流動性風險的程度。董事會所定義的風險容忍度，應確保銀行在正常情況下能妥善管理流動性，使其具有承受長時間壓力的能力，並使管理階層清楚了解風險與利潤之間的權衡。

（二）發展流動性風險管理策略

　　高階管理層（senior management）應根據風險容忍度，制定流動性風險管理策略，且定期回報董事會銀行的流動性狀況，董事會則應每年審核高階管理層所制定的流動性風險管理政策及策略，並確保高階管理層及流動性風險監控人員具備必要的專業知識，以控管流動性風險來源。

（三）管理日內流動性 [2]

　　日內流動性風險（intraday liquidity risk）是指銀行於日內因未能妥善管理流動性，使其無法於預定時間履行契約，進而影響自身及交易對手之流動性的風險。銀行應積極管理其日內流動性部位與風險，預測流動性流入與流出的時間點，並規劃取得資金的方式，以便於正常與壓力情況下均能及時履行支付及清算義務。

1　風險胃納是指企業在追求利潤時，所願意承擔的風險程度。
2　日內是指整日時間。銀行的流動性風險並不限於每日的營業時間，因各國時差關係，在每日的非營業時間外，仍有可能面臨流動性風險。

（四）定期執行流動性壓力測試

銀行爲了評估壓力事件對銀行現金流量、流動性部位、獲利及償債能力的影響，應定期執行流動性壓力測試，根據結果調整流動性風險管理策略，建立適當的流動性緩衝及制定緊急應變計畫。

（五）持有充足的流動性緩衝

銀行應持有未受限制、高品質流動性資產作爲流動性緩衝，使其在面臨壓力情境時可以出售或當作擔保取得資金。銀行應依據壓力測試的結果來決定流動性緩衝的規模與內容。

（六）擬定緊急籌資計畫

銀行應擬定正式的緊急籌資計畫，建立流動性事件發生時，與內部及外部利害關係人間的溝通管道，並確立各單位的職責，清楚規定面臨緊急情況時處理流動性短缺的策略，使銀行有充足的流動性來源，應付日常營運需求。緊急籌資計畫需定期測試並更新，以確保計畫的有效性。

（七）公開揭露

銀行應充分揭露其流動性風險管理相關資訊，使民衆了解銀行的流動性風險管理架構是否穩健，及有無充足的流動性部位。公開揭露也有助於監理機關了解銀行間流動性風險管理差異的原因，使其能更準確的訂定政策或採取行動。

第三節　流動性風險管理工具

銀行在管理流動性風險時，必須善用各種工具降低流動性風險，本節將介紹各種流動性風險管理工具，包括日內流動性風險管理、擔保品管理、流動性壓力測試、流動性緩衝及緊急籌資計畫等。

一、日內流動性風險管理

　　銀行引發日內流動性出現問題的原因可能爲重要交易對手違約、可作爲擔保品的資產不足，或取得擔保資金的成本過高等，銀行若無妥善管理日內流動性，可能會造成未預期的資金短缺，進而影響到整個金融體系。日內流動性風險管理的重點如下：

（一）銀行必須衡量每日的預期流動性總流入和總流出，並預估其時間點，及可能的資金短缺時段

　　爲了達成這些目標，銀行必須完成以下要求：

1. 了解各支付清算系統的規則。

2. 確認流動性流入和流出來源的重要交易對手。

3. 確認可能會導致大量流動性流出的時間。

4. 要求重要客戶預測其付款狀況。

（二）銀行應根據預期的營運活動和可用資源，監控其日內流動性部位

　　持續監控流動性狀況，有助於以下事項：

　　1. 判斷何時需要獲取額外的日內流動性，或限制部分流動性流出，以履行交易契約。

　　2. 在銀行自身需求與客戶需求間，有效分配日內流動性。

　　3. 對於未預期的付款能迅速反應並調整銀行隔夜資金部位。

（三）銀行為了達成其日內收付款目標，應規劃取得充足的日內資金

　　資金來源包括：

　　1. 中央銀行對銀行提供的日內融通資金。

　　2. 其他市場資金（例如，隔夜資金等）。

（四）銀行應妥善管理可作為擔保品的資產，並具有隨時可以透過擔保品取得日內資金的能力

　　因此，銀行必須達成以下要求：

1. 具有充足的擔保品可用以取得日內所需的流動性。

2. 應有妥善的作業安排，以抵押或交付擔保品。

3. 了解使用不同的擔保品當作抵押後取得資金所需的時間。

（五）銀行應做好因應未預期之日內流動性不足的準備

1. 應將日內流動性納入壓力測試與緊急籌資計畫。

2. 維持穩健的作業風險管理與持續營運規劃。

二、可作為擔保品的資產管理

資產是銀行重要的資金來源，可透過兩種方式為金融機構提供流動性。首先，藉由本金與利息收入取得資金，例如，債券利息收入及到期本金流入。其次，可透過出售或作為擔保品的資產，為銀行取得資金。為使銀行在需要緊急流動性時，能快速取得擔保資金，銀行應妥善管理可作為擔保品的資產，並了解相關作業要求。銀行應區分已提供作為擔保品及未提供作為擔保品的資產，並將未受限制、可用以作為擔保的資產，依照其取得資金的來源分別管理。在評估資產是否適合作為擔保品時，應考量其是否為中央銀行認可的合格擔保品，例如，黃金、公債等，以及是否被主要交易對手與資金提供者接受。

銀行管理可作為擔保品資產時，應留意其交易對手可能會要求額外擔保品的情況。例如，當市場狀況發生改變、銀行本身信用評等或財務狀況惡化，導致可作為擔保品的資產價值降低時，交易對手可能會要求銀行提供更多的擔保品。銀行為了因應上述情況，以及所有預期與非預期的借款需求，應維持足夠可當作擔保品的資產，才不會發生流動性危機。

三、流動性壓力測試

流動性壓力測試的目的是評估在壓力情境下，銀行是否具有足夠的流動性渡過危機。透過計算現有各項資金的來源及總金額，逐一分析在壓力情境下，各項資金可能流失的金額，以確定在壓力情境下仍可動用的資金數量。流動性壓力測試流程主要如下：

（一）設計壓力情境

首先，銀行必須設計壓力情境，重點如下：

1. 設計三種可能的壓力情境並適當定義，分別為銀行特有（institution specific）情境、系統（systemic）情境，及同時考慮以上兩種情況的綜合情境。銀行特有情境是指銀行發生資產品質惡化、信用評等下降及信譽受損事件等情境；系統情境則是指產業不確定性增加、總體經濟情況惡化等情境。

2. 應考量銀行組織結構、營運活動、商品特性及資金來源等因素，針對本身的弱點設計壓力情境。

3. 歷史事件不一定會於未來重複發生，因此歷史經驗可作為設計壓力情境的參考，但不宜過度依賴。

4. 為了分析不同程度的壓力對現金流量的影響，銀行需設定不同嚴重程度的壓力情境。

（二）假設發生事件

設計完壓力情境後，銀行應根據壓力情境的類型與嚴重程度建立假設，例如，

1. 市場不具流動性或流動性資產價值減少。

2. 零售資金流失。

3. 批發性資金流失。

4. 交易對手提出額外保證金與擔保品要求。

（三）調整流動性風險管理策略

最後，根據壓力測試的結果調整銀行流動性風險管理策略，降低流動性風險。例如，

1. 調整流動性部位，使流動性暴險符合銀行所訂定的風險容忍度。

2. 根據壓力測試決定流動性緩衝的規模，以及高品質流動性資產（HQLA）的種類。

3.根據壓力測試制定緊急籌資計畫，規劃危機發生時的應對措施。

四、流動性緩衝

流動性緩衝是指高品質流動性資產（HQLA）組合成的準備金（例如，主權債券、現金等），目的是在銀行需要時提供流動性，在壓力事件下快速將資產變現，以獲取足夠的現金。在壓力事件期間，正常的籌資管道可能無法取得或提供足夠的資金，因此當銀行在短期內有緊急流動性需求，流動性緩衝就顯得格外重要。流動性緩衝可以讓銀行在不需調整營運模式的情況下，使其在設定的存活期間內，有能力因應流動性壓力事件。流動性緩衝的資產在變現時，應不受任何法律、監理或執行上的限制，且在面臨壓力情況下，仍能以不嚴重影響價格的方式變現。

建立流動性緩衝部位時應以流動性壓力測試結果為基礎，並注意以下事項：

（一）設計壓力情境

流動性緩衝的規模取決於面臨壓力情況下的資金缺口，因此，為了評估流動性緩衝的規模必須設計壓力情境，此壓力情境應與流動性壓力測試所設定的情境相同，以確保銀行風險管理系統的一致性。為了建立最適當的流動性緩衝部位，銀行應考慮三種壓力情境，分別為銀行特有的壓力情境、市場面（系統性）的壓力情境，及同時考量以上兩者的綜合壓力情境。在設計銀行特有的壓力情境時，可以假設無擔保的批發性資金無法展期，且零售存款會有部分流出等情境；在設計市場面壓力情境時，可以假設資金市場狀況惡化。

（二）設定存活期間（survival period）

存活期間是指在假設的壓力情境下，銀行可運用自身的流動性維持正常營運，並履行所有支付義務的一段時間。存活期間的設定分為兩個時段，一是壓力的急性期，約為發生流動性危機後一至二週；一是較不劇烈但期間較長的壓力期，約爲發生流動性危機後一至二個月。區分兩個存活期間，並建構流動性緩衝，可以確保流動性緩衝的組成資產能夠因應不同程度的壓力。

（三）避免集中持有單一證券

銀行應避免集中持有單一證券，以免價格大幅下跌時，影響銀行的籌資能力。爲了分散風險，銀行應持有不同特性的資產，例如，不同的發行公司、期限或幣別的證券。

五、緊急籌資計畫

緊急籌資計畫是銀行爲了在面臨緊急流動性事件時，能有足夠的流動性因應日常營運而制定的計畫，包括流動性壓力事件發生時的處理流程與應變措施及事件發生後的計畫。緊急籌資計畫應具備下列內容：

（一）擬定危機發生時的溝通計畫

緊急籌資計畫中應制定董事會、管理階層、員工、投資人、監理機關，及其他利益團體間的溝通計畫，以便在發生流動性壓力事件時能立即處理。

（二）建立預警指標（early warning indicators）

銀行爲了能夠在流動性事件演變成危機前及時實施緊急籌資計畫，應建立預警指標，辨識潛在流動性事件。預警指標主要如下：

1. 資產品質或銀行整體財務狀況惡化。

2. 交易對手額外要求擔保品或拒絕進行新的交易。

3. 銀行股價下跌。

4. 資金供給者降低提供的資金數量。

5. 出現負面消息使銀行信譽受到打擊。

（三）訂定明確的責任分工

爲了有效執行緊急籌資計畫，計畫中應明定董事會、管理階層，及各部門的職責範圍。

（四）納入流動性壓力測試的結果作為考量

透過將流動性壓力測試的結果納入緊急籌資計畫，能有效整合銀行的流動性風險管理結構，使銀行有能力因應不同程度的流動性壓力事件。可能的壓力事件有：

1. 信用評等下降。
2. 與客戶關係發生重大改變。
3. 財務狀況惡化，影響銀行的籌資能力。

（五）緊急籌資計畫須經過測試

銀行應模擬面對流動性壓力事件時，內部應如何溝通、協調、決策及執行，測試緊急籌資計畫的內容，才能在真正面臨壓力事件時，發揮最大的功用。

（六）必要時須審查與更新內容

當市場出現波動或銀行的資金狀況發生改變時，銀行應立即檢視與修正緊急籌資計畫，才能準確預估資金需求，並確保資金有足夠且可靠的來源。

（七）每年需要至少一次經過董事會審查與核可

正式的緊急應變計畫必須經過董事會審查及核可，頻率為每年至少一次。

第四節　結語

流動性風險管理的核心目的是確保銀行有足夠的流動性可以應對各種需求。巴塞爾銀行監理委員會（BCBS）於 2002 年 2 月提出流動性管理評估原則，內容包括建立一致的日常流動性管理策略，確保這些策略能在整個金融機構內部順利執行；董事會必須批准流動性管理的策略，並確保高層管理人員採取必要措施；及內部控制和資訊系統的建立，以辨識、衡量、監控及控制流動性風險等。良好的流動性風險管理應包含明確的風險容忍度、發展適當的管理策略等。

　　在實務操作中，銀行應積極管理日內流動性風險，使其能夠在日內履行支付和清算義務。此外，銀行還需妥善管理可作爲擔保品的資產，確保在需要時能快速變現取得資金；並定期實施流動性壓力測試及制定緊急籌資計畫，確保在流動性危機發生時能夠迅速應對。

　　從策略制定到實務操作，流動性風險管理的各個環節都需要嚴格管理和持續監控，以確保在各種情況下都能夠保持充足且穩定的流動性。流動性風險管理對於銀行的財務穩定和正常運營至關重要，通過建立完善的管理策略、內部控制系統、定期壓力測試及緊急應變計畫，銀行方能有效地應對流動性風險，確保在各種情況下都能保持充足的流動性，這些措施不僅可以維護銀行的生存，也能增強整個金融體系的穩定。

參考文獻

巴曙松、朱元倩、金玲玲（2015），《巴塞爾 III 與金融監管大變革》。北京：中國金融。

王素英（2014），〈系統性重要性銀行之法規與監理〉，中央銀行公務出國報告。

巫和懋（2009），〈全球金融風暴對金融監管體制之衝擊〉，《中華民國證券公會季刊》，第 3 季，頁 30～37。

李佳津（2016），〈美國金融機構流動性監管機制之改革——兼論 Fed QE 退場對銀行流動性之影響〉，中央銀行公務出國報告。

李靜惠、魏錫賓（2012），〈銀行流動性風險評估〉，中央銀行公務出國報告。

林圭恩（2018），〈Basel III 資本及流動性規範之強化措施〉，中央銀行公務出國報告。

林曉伶（2015），〈英國之流動性監管制度與 LCR 實施情形〉，中央銀行公務出國報告。

林曉伶（2019），〈國際流動性監管規範與澳洲之流動性監管制度〉，中央銀行公務出國報告。

邱佩宇（2019），〈新加坡金融管理局（MAS）監理制度〉，中央銀行公務出國報告。

洪德欽（2021），〈歐洲央行單一匯率政策的發展與挑戰〉，《歐美研究》，51:3，頁 433～494。

夏婧（2018），〈國際流動性風險監管及中資銀行的應對策略〉，《華北金融》，12，頁 54～57。

康書生、宋娜娜（2010），〈中，美，英等國應對金融危機財政貨幣政策比較〉，《武漢金融》，11，頁 22～24。

張青、郭繼光（2010），《新加坡：小國繁榮之道》。香港：香港城市大學。

莊能治（2013），〈Basel III 國際流動性管理新規定（LCR 及 NSFR）之探討——兼論瑞士 LCR 導入經驗〉，中央銀行公務出國報告。

陳世章（2023），〈瑞士央行基金會之金融市場工具〉，中央銀行公務出國報告。

陳佳妙、楊淑雯（2012），〈金融危機與中央銀行〉，中央銀行公務出國報告。

陳怡娟（2021），《我國純網銀流動性風險管理機制》。臺北：財團法人台北市外匯市場發展基金會。

陳美菊（2009），〈全球金融危機之成因、影響及因應〉，《經濟研究年刊》，9，頁 261～296。

曾令寧、黃仁德（2004），《風險基準資本指南——新巴塞爾資本協定》。臺北：台灣金融研訓院。

曾令寧、黃仁德（2003），《現代銀行監理與風險管理》，增修訂二版。臺北：台灣金融研訓院。

黃朝熙、鍾經樊、謝依珊、周卉敏（2021），〈本國銀行業資本結構分析——跨越循環期的槓桿比率與資本適足率比較〉，《中央銀行季刊》，40:3，頁 15～50。

劉雨芬（2013），〈歐債危機之因應措施暨未來可能之發展〉，《國際金融參考資料》，65，頁 1～18。

鄧雪蘭、邱曉玲（2011），〈參加 ANZ 債券研討會心得〉，中央銀行公務出國報告。

Alonso, J., R. Anguren , M. Manzano, and J. Mochón (2023), "The 2023 Banking Crises: The Causes and the Role Played by Bank Management, Supervisors and Regulators," *Financial Stability Review*, 45, pp. 23-47.

Basel Committee on Banking Supervision (2017), "Basel III: Finalising Post-crisis Reforms," *Basel Report*, https://www.bis.org/bcbs/publ/d424.pdf.

Basel Committee on Banking Supervision (2014), "Basel III Leverage Ratio

Frame-work and Disclosure Requirements," *Basel Report*, https://www.bis.org/publ/bcbs270.pdf.

Basel Committee on Banking Supervision (2014), "Basel III: The Net Stable Funding Ratio," *Basel Report*, https://www.bis.org/bcbs/publ/d295.pdf.

Basel Committee on Banking Supervision (2013), "Basel III: The Liquidity Coverage Ratio and Liquidity Risk Monitoring Tools," *Basel Report*, https://www.bis.org/publ/bcbs265.pdf.

Basel Committee on Banking Supervision (2011a), "Basel III: A Global Regulatory Framework for More Resilient Banks and Banking Systems," *Basel Report*, https://www.bis.org/publ/bcbs189.pdf.

Basel Committee on Banking Supervision (2011b), "Global Systemically Important Banks: Assessment Methodology and the Additional Loss Absorbency Requirement," *Basel Report*, https://www.bis.org/publ/bcbs207.pdf.

Basel Committee on Banking Supervision (2009a), "Strengthening the Resilience of the Banking Sector," *Basel Report*, https://www.bis.org/publ/bcbs164.pdf.

Basel Committee on Banking Supervision (2009b), "International Framework for Liquidity Risk Measurement, Standards and Monitoring," *Basel Report*, https://www.bis.org/publ/bcbs165.pdf.

Basel Committee on Banking Supervision (2004), "Basel II: International Convergence of Capital Measurement and Capital Standards: A Revised Framework," *Basel Report*, https://www.bis.org/publ/bcbs107.pdf.

Basel Committee on Banking Supervision (1997), "Core Principles For Effective Banking Supervision," *Basel Report*, https://www.bis.org/publ/bcbsc102.pdf.

Basel Committee on Banking Supervision (1996), "Interpretation of the Capital Accord for the Multilateral Netting of Forward Value Foreign Exchange Transactions," *Basel Report*, https://www.bis.org/publ/bcbs25.pdf.

Basel Committee on Banking Supervision (1988), "International Convergence of

Capital Measurement and Capital Standards," *Basel Report*, https://www.bis. org/publ/bcbs04a.pdf.

Basel Committee on Banking Supervision (1983),"Principles for the Supervision of Banks' Foreign Establishments," *Basel Report*, https://www.bis.org/publ/ bcbsc312.pdf.

Jickling, M. (2009), "Causes of the Financial Crisis," *Congressional Research Service Report*, https://ecommons.cornell.edu/server/api/core/ bitstreams/499ad073-3b4e-406c-b4b6-aa6ba8c11a7b/content.

Stefan, A., A. Kartasheva, and B. Bogdanova (2013), "CoCos: A Primer," *BIS Quarterly Review*, September, pp. 43-56.

國家圖書館出版品預行編目(CIP)資料

金融風險管理：巴塞爾資本協定與流動性風險
／黃仁德，劉康旭著. －－初版.－－臺北
市：五南圖書出版股份有限公司, 2025.01
面； 公分
ISBN 978-626-423-081-0（平裝）

1.金融管理 2.CST: 風險管理

561   113020050

1MAV

金融風險管理：
巴塞爾資本協定與流動性風險

作　　者－ 黃仁德、劉康旭

編輯主編－ 侯家嵐

責任編輯－ 吳瑀芳

文字校對－ 鐘秀雲

封面設計－ 姚孝慈

出 版 者－ 五南圖書出版股份有限公司

發 行 人－ 楊榮川

總 經 理－ 楊士清

總 編 輯－ 楊秀麗

地　　址：106臺北市大安區和平東路二段339號4樓

電　　話：(02)2705-5066　　傳　　真：(02)2706-6100

網　　址：https://www.wunan.com.tw

電子郵件：wunan@wunan.com.tw

劃撥帳號：01068953

戶　　名：五南圖書出版股份有限公司

法律顧問：林勝安律師

出版日期：2025年1月初版一刷

定　　價：新臺幣300元

經典永恆・名著常在

五十週年的獻禮——經典名著文庫

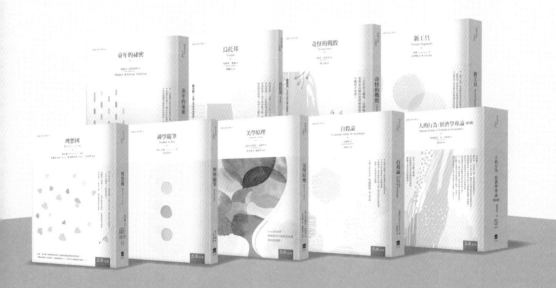

五南，五十年了，半個世紀，人生旅程的一大半，走過來了。
思索著，邁向百年的未來歷程，能為知識界、文化學術界作些什麼？
在速食文化的生態下，有什麼值得讓人雋永品味的？

歷代經典・當今名著，經過時間的洗禮，千錘百鍊，流傳至今，光芒耀人；
不僅使我們能領悟前人的智慧，同時也增深加廣我們思考的深度與視野。
我們決心投入巨資，有計畫的系統梳選，成立「經典名著文庫」，
希望收入古今中外思想性的、充滿睿智與獨見的經典、名著。
這是一項理想性的、永續性的巨大出版工程。
不在意讀者的眾寡，只考慮它的學術價值，力求完整展現先哲思想的軌跡；
為知識界開啟一片智慧之窗，營造一座百花綻放的世界文明公園，
任君遨遊、取菁吸蜜、嘉惠學子！